Lebens*Stil*

Desirée Treichl-Stürgkh

Illustrationen von Kera Till

LebensStil

Wie Sie mit Charme und Eleganz
besser durchs Leben kommen

Mitarbeit Gabi Weiss

Brandstätter

Bibliografische Information der Deutschen Nationalbibliothek
Die Deutsche Nationalbibliothek verzeichnet diese Publikation in der Deutschen Nationalbibliografie; detaillierte bibliografische Daten sind im Internet über http://dnb.d-nb.de abrufbar.

1. Auflage

Grafische Gestaltung: Andrés González Torrejón
Coverfoto: Udo Titz
Illustrationen: Kera Till
Redaktion: Gabi Weiss

Gedruckt in der EU

ISBN 978-3-85033-240-8

Christian Brandstätter Verlag
GmbH & Co KG
A-1080 Wien, Wickenburggasse 26
Telefon (+43-1) 512 15 43-0
Telefax (+43-1) 512 15 43-231
E-Mail: info@cbv.at
www.cbv.at

Inhalt

Als ich begonnen habe dieses Buch zusammenzutragen, war mein erster Gedanke: Es soll unterhalten. Ich wollte Tipps geben, die andere Menschen zum Lachen bringen, die ein wenig beim Umgang miteinander helfen, die nachdenklich stimmen und „menscheln". Ein Buch, das sich leicht liest, aber dennoch nicht leicht ist.

Ich habe schon als Teenager gelernt, Mut zu haben und zu meiner eigenen Meinung zu stehen. Habe erfahren müssen, wie es sich anfühlt beide Elternteile verloren zu haben, war gezwungen, mich von meinem Zuhause, dem Ort, an dem ich geboren wurde, für immer zu verabschieden. Dieser Schmerz war und ist noch immer ein Teil meines Lebens, aber er hat mich auch gelehrt, dass alles vergänglich ist und nur wahre Werte zählen.

Never complain – das ist mein Motto geworden. Durch lange Internatsnächte habe ich mich gerettet, indem ich an schöne Dinge dachte. Indem ich mir Geburtstage und Weihnachtsfeiern im Kreis meiner Familie ausmalte. Ab und zu kam damit auch die Traurigkeit wieder, doch geblieben sind herrliche Bilder, die mir niemand nehmen konnte. Bilder, die ich jetzt meinen Kindern weiterzugeben versuche, Bilder, die mir immer wieder Halt geben und mir Mut machen, zu meiner eigenen Meinung zu stehen.

Aus meiner Erfahrung mit Menschen kann ich nur sagen: Stil oder Lebensstil ist ein Zusammenspiel vieler Dinge, die das Leben mit sich bringt. Es beginnt schon mit der Familie, in die man hineingeboren wird. Mit der Erziehung, die man genießt und den vielen Erfahrungen, die einem das Leben im Laufe der Zeit schenkt. Wer meint, Stil ließe sich erlernen, indem man nur „nach der Mode geht" und die „richtigen“ Bücher liest, dem sei gesagt, dass Stil eine grundsätzliche Lebenseinstellung ist, die sich nicht nur auf Oberflächlichkeiten beschränkt. Wer seine eigene Persönlichkeit zum Ausdruck bringt – ganz gleich wie – drückt damit seinen Stil aus.

Stil hat auch etwas mit dem menschlichen Miteinander zu tun: Rücksichtnahme, Hilfsbereitschaft, Akzeptanz und Toleranz sind Teil der Umgangsformen, die immer und überall helfen neue Verbindungen zu knüpfen, stabile Beziehungen aufzubauen, vorhandene Sympathien zu erweitern und sich selbst und anderen das Leben zu erleichtern. Manchmal wissen wir einfach nicht, wie wir uns in bestimmten Situationen verhalten oder bewegen sollen. Unnötige Missverständnisse entstehen. Ich möchte – anhand meiner eigenen Erfahrungen und Erlebnisse – einige solche Missverständnisse ausräumen. Das Buch soll aber auch anleiten, wie man im täglichen Miteinander positive Akzente setzt. Vor allem aber: Es soll Spaß machen.

Desireé Treichl-Stürgkh

„Interessiere Dich für andere, wenn Du haben willst, dass andere sich für Dich interessieren. Respektiere Dich selbst, wenn Du willst, dass andere Dich respektieren sollen.“

Adolph Freiherr von Knigge

Das geht gar nicht!

Meine ganz persönlichen NO-GOs

1. Sich vor einem gemeinsamen Frühstück nicht die Zähne zu putzen. Sogar die ganz jungen Männer tragen schon die Marke „Eigenduft".

2. Sich seiner Schuhe beim Betreten einer Wohnung entledigen zu müssen. Ausnahme: Japan.

3. Ehefrauen mit „Gattin" oder „Gnädigste" anzusprechen. Da stellen sich bei mir die Haare auf.

4. Sich vom frühen Vormittag bis zum späten Nachmittag mit „Mahlzeit" zu begrüßen.

5. Persönliche Weihnachtsgrüße per E-Mail zu verschicken. Das wirkt wie eine Massenaussendung. Wenn man sich dazu hinreißen lässt, dann müssen sie schon sehr originell gestaltet sein.

6. Nach den Gästen zu erscheinen.

7. Ein lascher Händedruck: Die „Toter-Fisch-Begrüßung" macht keinen guten Eindruck.

8. Sich im Kino, Theater, in der Oper oder einer anderen Veranstaltung mit dem Rücken zu den Sitzenden durch die Stuhlreihe zu zwängen. Ein nettes Lächeln kommt besser an als ein ausgestrecktes Hinterteil.

9. Mit freiem Oberkörper beim Essen zu sitzen. Das geht vielleicht gerade noch beim Strandpicknick, doch auch da habe ich meine Bedenken. Ausnahme: ein gestählter Body!

10. Den Fernseher laufen zu lassen, wenn Gäste den Raum betreten. Als Gast hat man sofort das Gefühl, man störe.

11. Krawatte und Einstecktuch in gleicher Farbe und gleichem Muster. Nicht sehr fantasievoll, meine Herren. Und: laut englischer Stilbibel ein absolutes No-Go.

12. Sich beim Gähnen nicht die Hand vorzuhalten. Gerade bei Frühflügen darf ich besonders häufig einen Blick in fremde Rachen werfen. Kein hübscher Anblick!

13. Meine absolute Vernichtung ist „BEGL". Sie wissen nicht, was das ist? „BEGL" heißt Begleitung. Und ist ein echter Affront. Vor allem dann, wenn eine Einladung nach Hause kommt und „Andreas Treichl und Begleitung" darauf steht. Wenn man schon den Vornamen des Ehepartners nicht kennt und auch keine Möglichkeit sieht ihn in Erfahrung zu bringen, dann sollte man die Einladung zumindest an „Herrn und Frau Treichl" losschicken.

14. Beim ersten Kennenlernen schon über Krankheiten, Politik, Sex und Einkommen zu reden.

15. Sich unter allen Umständen streng an die Etikette zu halten. Ist es nicht so, dass spontane Interaktionen auch spontane Reaktionen hervorrufen? Peinlichkeiten und Missverständnisse zu vermeiden ist doch im Miteinander oft klüger, als sich strikt an streng aufgestellte Regeln medienverliebter Benimmgurus zu klammern.

16. Name-Dropping: Wer mit Namen, die sowieso nicht jeder kennt, um sich schmeißt, ist meist nur unsicher und versucht, sich hinter „berühmten" Persönlichkeiten zu verbergen. Schade.

17. Promi: Diesen Ausdruck hasse ich. In Österreich scheint mittlerweile jeder ein Promi zu sein, der sich einmal von unserem berühmten Baumeister einladen ließ.

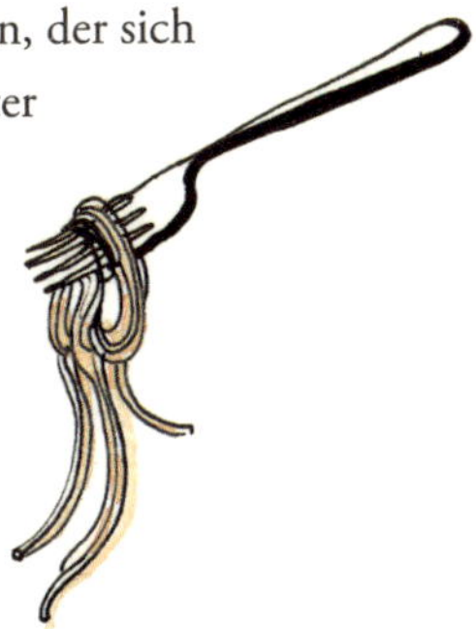

18. Spaghetti mit dem Löffel zu essen.

19. In der Nase zu bohren. Oft sehe ich im Auto neben mir den Fahrer genüsslich in der Nase bohren. Igitt.

20. Angerotzte Stofftaschentücher in der Hosentasche. Ich möchte nicht wissen, wie viele Bazillen da frei herumschwirren.

21. Die Vorfahrt verweigern – da können gerade Frauen echte Sturköpfe sein.

22. Ein wilder Mix aus unterschiedlichen Alkoholika ist nicht gerade ein Zeichen von Stil. Schließlich heißt es doch: „Bier auf Wein, das lasse sein. Wein auf Bier, das rat ich dir!"

Mehr als *Floskeln*

Begrüßen & Vorstellen
nach allen Regeln der Kunst

Im privaten Rahmen passiert es immer öfter sich nur mit Vornamen, wenn nicht sogar mit dem Spitznamen, bekannt zu machen. Das wirkt zwar so, als kenne man sich schon seit ewigen Zeiten, kann sich aber schnell zum Fauxpas entwickeln. Puppi, Gocki, Mitzi oder Rudi bleiben im Gedächtnis. Der Rest ist Grauzone. Ich kenne das aus leidvoller Erfahrung. Bei einem schönen Abendessen war Gil mein Tischnachbar. Ich wusste nichts von ihm, außer, dass er Amerikaner war. Ich erzählte ihm so gut wie alles über Windeln & Co, denn ich war gerade mit meinem dritten Sohn schwanger. Und strahlte vor Mutterglück. Er hörte geduldig zu.

Einige Wochen später besuchten mein Mann und ich ein Konzert: Gustav Mahlers Zweite Symphonie erwartete uns im Salzburger Festspielhaus. Zusammen mit Gil. Zu meinem Leidwesen stand er auf der Bühne. Und dirigierte. Gustav Mahler drang an diesem Abend nicht bis zu mir durch. Ich war zu sehr damit beschäftigt, mir den Kopf zu zermartern, welche Intimitäten ich ausgeplaudert hatte. In Grund und Boden versinken – das war meine einzige Option an diesem Abend. Seither passiert mir so etwas nie wieder. Wer mir vorgestellt wird oder neben mir Platz nimmt, der kann damit rechnen, dass ich mehr von ihm wissen will als nur seinen Vornamen. Zum Beispiel: Ob er zufällig gerne auf der Bühne steht und Mahler dirigiert.

ERSTER EINDRUCK

1. Blickkontakt. Dadurch bringen Sie dem anderen Respekt entgegen. Nicht vergessen: Sonnenbrille abnehmen.

2. Bei der Begrüßung wie auch beim Vorstellen stehen die Herren immer auf.

3. Eine Dame bleibt immer sitzen, kann aber auch aufstehen, wenn sie es so möchte. Ich habe mir angewöhnt aufzustehen – außer der Begrüßende ist um einiges jünger als ich.

4. Bei einer Begrüßung werden immer auch ein paar Worte gewechselt. Man macht „Smalltalk" um die Begleitpersonen miteinander bekannt zu machen. Ein Kompliment lockert die Stimmung gleich zu Anfang auf.

5. „Mahlzeit" – der gefürchtete katholische Beamten-Gruß zwischen Frühstück und Nachmittags-Kaffee ist nervend und antiquiert. Die Begrüßung leitet sich von „Gesegnete Mahlzeit" ab. Dies wünschten sich Menschen in katholischen Gegenden zu Beginn des Essens. Die bessere Alternative: ein schlichtes „Guten Morgen", „Guten Tag" oder „Guten Abend" oder, wenn die Atmosphäre etwas lockerer ist, einfach ein „Hallo".

6. Grüßen Sie lieber einmal zuviel als einmal zuwenig.

7. Wenn Sie in einer Gruppe unsicher sind, wer zuerst zu begrüßen ist, dann sagen Sie einfach: „Darf ich Sie der

Reihe nach begrüßen?" Oder, falls die Zeit nicht ausreicht, grüßen Sie zwanglos – aber niemals formlos. Ein „Hallo meine Lieben" oder „Ich wünsche einen schönen Tag" reicht aus.

8. Sich Namen zu merken fällt vielen schwer. Laut einer Studie haben 80 Prozent der Befragten damit ihre Probleme. Sollte es Ihnen auch so gehen, sagen Sie gleich zu Beginn: „Tut mir leid, mir ist ihr Name entfallen." Zusammen mit einem charmanten Lächeln wird dies zu einer netten Geste. Noch ein Tipp: Verwenden Sie den Namen des zu Begrüßenden so oft wie möglich. Dann ist die Wahrscheinlichkeit, sich ihn zu merken, um ein Vielfaches höher.

LADIES FIRST

Männer grüßen Frauen stets zuerst,
Jüngere die Älteren,
Mitarbeiter ihre/n Vorgesetzten,
Ankommende die Anwesenden,
Einzelne die Gruppe.

9. Treffen Sie zwei Menschen, von denen Sie nur einen namentlich kennen, sagen Sie „Guten Tag" oder „Hallo", ohne den Namen des Bekannten auszusprechen. Sonst fühlt sich die zweite Person von Ihrem Gruß ausgeschlossen.

10. Für Männer gilt: zweite Hand nicht in der Hosentasche stecken lassen. Für Frauen gilt: Lippenstiftfanatikerinnen bitte keinen Abdruck auf der Wange hinterlassen.

HÄNDEDRUCK

- Fester Händedruck und nur kurz die Hand schütteln.
- Die zweite Hand aus der Hosentasche nehmen.

- Nicht über den Tisch hinweg begrüßen. Ich habe dabei schon erlebt, dass im Feuer des Gefechts Gläser umfielen.
- Schwitzig-feuchte Hände vermeiden.

„Zu Leuten, an denen einem nichts liegt, kann man immer freundlich sein."

Oscar Wilde

BUSSI-MANIE

Deutschland: Wildes Gebussel von wangenküssenden Frauen und bussihauchenden Männern.

Österreich: Da gibt es das berühmte Luftbussi, bei dem die Wangen sich so gut wie nie berühren. Mit Luftbussis geht man verschwenderisch um – da küsst mittlerweile jeder jeden.

Frankreich: Sich beim Begrüßungsküsschen zu berühren ist angesagt.

Russland: Dort küssen sich auch Männer, aber nur wenn sie sich gut kennen.

Belgien: Aller guten Dinge sind hier drei Küsse.

Passé: Der sozialistische Bruderkuss.

Meine Erfahrung: Je südlicher, desto intensiver wird geküsst!

HANDKUSS

Ich liebe den Handkuss. Ein angedeuteter ist mir am allerliebsten.

DIENER & KNICKS

Meinen Jungs habe ich eingebläut, bei Erwachsenen, die sie nicht kennen, einen Diener zu machen. Bei Erwachsenen, die sie gut kennen, gilt das Wangenbussi. In der Generation meiner Großmütter war der Knicks noch üblich – jetzt ist er völlig aus der Mode gekommen.

JAPAN & CHINA

Zu Beginn eines Gesprächs wird die Visitenkarte mit beiden Händen überreicht. Und zwar so, dass der Gesprächspartner den Namen sofort lesen kann. In Japan begleitet man diese Geste mit einer Verbeugung; in China ist das nicht üblich. Handschlag wird immer beliebter. Doch Vorsicht beim Küssen – das geht erst nach der Verlobung!

ANREDE

- Ich bin mit dem „Du" sehr sparsam – denn einmal „Du" heißt immer „Du".
- Titel in der Anrede zu verwenden ist in Österreich absolut üblich und in einigen Kreisen sogar Pflicht. Doch damit sind wir in Österreich ziemlich alleine, im Rest der Welt fällt der Titel unter den Tisch. Das macht alles ein wenig unkomplizierter.
- Wenn Sie ein Paar anreden – ganz gleich, ob verheiratet oder nicht – sollten Sie die Frau in der persönlichen Anrede immer zuerst nennen.
- Möchten Sie eine ganze Familie begrüßen, so ist „Familie Treichl" durchaus eine korrekte Art. Wobei ich es nett finde, wenn man die Kinder mit Namen nennt – vorausgesetzt, man weiß sie.
- Wenn Sie jemanden persönlich kennen, dann unbedingt mit „Liebe/r Frau/Herr ..." begrüßen. Bei Menschen, die Sie nicht kennen „Sehr geehrte/r Frau/Herr ...".
- Adelstitel sind in Österreich abgeschafft. Dennoch werden sie bei der Begrüßung im Hause von Aristokraten verwendet. In Deutschland sind Adelstitel Bestandteil des Namens. Grundsätzlich gilt: Wenn Sie den Umgang mit Titeln & Co nicht kennen, fragen Sie die betreffende Person einfach, wie sie gerne angesprochen werden möchte. Wenn es sich um eine Geschäftsbeziehung handelt, wird man Ihnen auch im Sekretariat weiterhelfen.

KORREKTE ANREDEN

Rektor	Magnifizenz
Botschafter	Excellenz
Gesandter	Excellenz
Bischof röm-kath.	Excellenz
Erzbischof röm.-kath.	Excellenz
Bischof ev.	Herr Landesbischof
Bischöfin	Frau Landesbischöfin
Rabbiner jüd.	Herr Rabbiner
Imam musl.	Sehr geehrter Herr Imam
Kardinal röm.-kath.	Eminenz
Papst röm-kath.	Heiliger Vater

FRÄULEIN

Korrekt müsste es „Frau“ heißen. Aber ich finde das Fräulein in vielen Situationen sehr passend und fände es schade, wenn es ganz von der Bildfläche verschwinden würde. „Fräulein, bitte bringen Sie mir die Rechnung“ oder „Bitte Fräulein, zahlen“, das klingt doch charmant!

Meine Freundin, sie hat die 50 schon überschritten, meinte unlängst – wenn sie mit Fräulein angesprochen wird, schmeichelt ihr das. Also, liebe Männer: Fräulein kann ein charmanter Beginn einer Konversation sein.

EHELEUTE

Spricht man von seiner Frau oder seinem Mann, so sagt man meine Frau oder mein Mann. Auf keinen Fall: meine Gattin, mein Gatte; oder noch schlimmer: meine Gemahlin, mein Gemahl. Ausnahme: Die Bezeichnungen Gattin und Gemahlin werden nur auf die Ehefrau eines anderen angewandt.

FRAU KOLLEGIN

Ab und zu passiert es, dass ich mit „Frau Kollegin" angesprochen werde. Das passt nur dann, wenn es sich um jemanden aus ein und derselben Branche und in vergleichbarer Position handelt.

TRENDY

Obamas machten es vor: Fäuste zusammenstoßen.

UND TSCHÜSS: WAS BEIM BEGRÜSSEN UND VERABSCHIEDEN GAR NICHT GEHT

Hi
Sers
Hallöchen
Tachchen
Hallihallo
Ich begrüße Sie
Grüß' sie
Tschüssikowski

Home with *Flair*

Wie Sie beim Wohnen Stil bekennen

Hausaufgabe Nummer eins: Verbreiten Sie schon auf den ersten Zentimetern ihrer Wohnung joie de vivre! Warum? Es gibt wohl kaum eine bessere Chance auf den ersten Eindruck, den Ihre Wohnung auf Ihre Gäste machen kann. Und dieser sollte sitzen. Denn: Jeder von uns nimmt ein Zuhause ganz besonders wahr, wenn er das erste Mal eingeladen ist. Es beginnt bei der Adresse, der Haustüre, dem Klingelknopf, dem Stiegenhaus, der Wohnungstüre, dem Vorzimmer, dem Ausblick – jeder Teil ist ein wichtiges Steinchen im Gesamtbild.

Ich bin immer sehr gespannt, fast ein wenig neugierig, wenn wir zu jemandem nach Hause eingeladen werden. Wie wird es aussehen, sich anfühlen? Wie drückt sich die Persönlichkeit eines Menschen in seinen vier Wänden aus? Von einem extravaganten Schuh, einer ausgefallenen Tasche oder einem trendigen Designer auf eine Wohnung zu schließen, habe ich aufgegeben. Denn sehr oft habe ich mich geirrt. Vom schrägen bunten Vogel habe ich ein ebenso spektakuläres Ambiente erwartet. Das Gegenteil war oft der Fall.

Was zählt, ist nicht, wie Sie sich einrichten, sondern dass die Wohnatmosphäre Ihren persönlichen Ausdruck widerspiegelt. Nichts verwässert den Lebensstil mehr als etwas Aufgesetztes, das Ihnen gar nicht entspricht. Ein Mensch, der Individualität hat, hat das gute Recht, diese Individualität auch in seinem privaten Umfeld zum Ausdruck zu bringen. Und dann wird es richtig spannend: Denn jede Kleinigkeiten erzählt Bände an Geschichten über den Stil und Charakter des Bewohners.

WIE SIE IHRE GÄSTE EMPFANGEN SOLLTEN

- Mit einem Lächeln.
- Mit einer innigen Umarmung oder festem Händedruck.
- Mit Augenkontakt.
- Mit heller, freundlicher Stimme.
- Mit frischem Atem.
- Persönlich!

WAS MIR BEIM ERSTEN BESUCH AUFFÄLLT

Ein spezieller Duft,
das Knarren des Parketts,
Blumen im Vorzimmer,
Tageszeitungen auf einem Stapel,
Lichteinfall und wie er die Stimmung beeinflusst,
Fotos auf Beistelltischen,
Bilder an der Wand.

Das sind einige Bausteine für ein Gesamtbild, die ich wie ein Puzzle zusammenfüge. Manchmal beschäftige ich mich damit einen ganzen Abend lang oder mache es zum Teil meiner Unterhaltung.

WAS IHR ZUHAUSE ÜBER SIE AUSSAGT

Liebenswürdigkeit und Großzügigkeit: Boden und Teppiche
Gastfreundschaft: Möbel
Einfallsreichtum: Objekte
Enthusiasmus: Anordnung
Freude: Der Duft, der in der Luft liegt
Vitalität: Pflanzen
Mut: Farbe

BRECHEN SIE HIE UND DA MIT ALTEN GEWOHNHEITEN

- Indem Sie Ihre Zeitung auf dem Sofa im Wohnzimmer lesen.
- Veranstalten Sie ein Candle-Light-Dinner mit Ihrer Familie im Speisezimmer.
- Drapieren Sie frische Blumen auf Ihrem Nachttisch.
- Drehen Sie den Fernseher ab und die Stereoanlage an.
- Fragen Sie Ihre Kinder, welche Farbe das Kinderschlafzimmer haben soll.
- Veranstalten Sie ein Picknick auf dem Balkon, falls Sie keinen haben, im Wohnzimmer.
- Hängen Sie Familienfotos, verpackt in einheitliche Rahmen, auf.
- Schlafen Sie zur Abwechslung einmal im Gästebett, so sehen Sie die eigenen vier Wände plötzlich aus einer ganz anderen Perspektive.
- Stellen Sie die Möbel um.

EINE WOHNUNG HAT STIL, WENN ...

... ökonomische, kulturelle, materielle und gesellschaftliche Faktoren den Geist eines Lebensstils beeinflussen.

... sie Licht durchflutet ist und Behaglichkeit ausströmt.

... Erinnerungen und Witz einem Raum die persönliche Note geben.

... Geschmack im Spiel ist. (Doch wie können wir Geschmack entwickeln? Indem wir nicht zu sehr am Scheinhaften hängen bleiben!)

... bei der Wahl der Möbel und ihrer Verwendung der Lebensstil ausschlaggebend ist und nicht unbedingt der Geldbeutel. Der wahre Wert der Einrichtung besteht darin, dass man jene Möbelstücke wählt, die dem eigenen Stil am besten entsprechen. Die Kosten sind dann kein Kriterium.

... auch Kunst, Musik und Bücher darin Platz finden.

... das Gefühl für Dinge, mit denen man sich wirklich umgeben möchte, nicht durch Design- und Dekor-Doktrinen verloren gegangen ist.

... man gerne nach Hause einlädt.

... ein Blumenstrauß am Eingangstischchen die Mitbewohner begrüßt.

... „My home is my castle" das Motto ist.

... Herzensdinge darin selbstverständlich ihren Platz finden.

ZU HAUSE IST ES AM SCHÖNSTEN

Sechzehn Indizien, die verraten, dass Sie sich in ihren vier Wänden wirklich zu Hause zu fühlen:

1. Wenn Sie barfuss durch die Wohnung laufen.
2. Wenn Sie sich dabei ertappen, ständig gut duftende Blumen in Vasen zu drapieren.
3. Wenn Sie unter der Dusche zu singen beginnen.
4. Wenn Sie es sich in einem Loungechair mit Fußteil und Leselampe gemütlich machen.
5. Wenn Sie mindestens drei Abende pro Woche zu Hause verbringen.
6. Wenn Sie Fotos von Familie und Freunden im Bücherregal aufstellen.
7. Wenn Sie Vodka im Tiefkühlfach für spontane Drinks bereitstellen.
8. Wenn Sie ein Sudoku-Büchlein mit Bleistift auf dem Klo liegen haben.
9. Wenn Sie Ihre Einrichtung nicht halbherzig, sondern mit großer Hingabe erstanden haben.

Filmtipp

Die Verachtung, 1963
Hier spielt die Casa Malaparte des Architekten Malaparte in Capri eine entscheidende Rolle.

10. Wenn Sie sich nach einer längeren Reise nichts sehnlicher wünschen als im eigenen Bett zu schlafen.
11. Wenn Sie Freunde vor Mitternacht nicht aus dem Haus bekommen.
12. Wenn Sie an Feiertagen bis mittags im Pyjama zu Hause herumkugeln.
13. Wenn Sie spontan zu tanzen beginnen.
14. Wenn der Kühlschrank immer voll ist.
15. Wenn Sie ungetrübt einem Laster nachgehen können.
16. Wenn ein „neues" Lieblingsbild seinen angemessenen Platz findet.

MEINE MÖBELLIEBLINGE

Der Lounge Chair von Charles Eames
S-Chair von Tom Dixon
Panton-Sessel von Verner Panton
Stehleuchte Arco von Achille & Piero Castiglioni
Freischwinger von Marcel Breuer
Day Bed von Eileen Gray

„Ein Raum ohne Bücher ist wie ein Körper ohne Seele."

Cicero zugeschrieben

Dinner *for you*

Was eine perfekte Gastgeberin ausmacht

Die Gastgeberrolle muss man lieben. Man kann sie zwar erlernen, doch es gibt gewisse Feinheiten, die hat man im Blut. Oder eben nicht.

Ich liebe es Abendessen zu inszenieren. Da lasse ich meiner Fantasie freien Lauf, stöbere in den skurrilsten Geschäften um witzige Accessoires zu finden und dann Altes mit Neuem bunt zu mischen. So war das auch bei einer meiner ersten Dinnerpartys, die mein Mann und ich als frisch getrautes Ehepaar gegeben haben.

Alles schien perfekt zu sein. Das Silberbesteck meiner Großmutter wurde endlich aus den dicken Filztüchern gewickelt, die geerbten Lobmeyr-Gläser mit der Gravur ADT meiner Schwiegergroßeltern passten perfekt, dazu ein schlichtes weißes Porzellan, überall cremefarbene Kerzen, kleine lila Rosen in Kugelvasen und zartlila Servietten aus dickem Leinen auf dem Damasttischtuch mit Monogramm meiner Mutter. Sogar der Aperitif, ein Jahrgangschampagner in Rosé, unterwarf sich meinem Farbkonzept. Den Anblick des Tisches habe ich noch genau vor Augen, denn die Katastrophe bahnte sich bereits an.

Die Mini-Mozzarellas thronten auf ihren Cherrytomaten, gekrönt von einem Basilikumblatt, die Erbsensuppe in den Mokkatassen neigte sich langsam dem Ende zu – und ich bat alle zu Tisch. Der Hauptgang, ein Braten, den ich zuvor noch nie ausprobiert hatte (großer Fehler!), schmorte im Rohr. Das wird schon klappen, dachte ich mir und widmete

mich ganz meinen Gästen. Die Sitzordnung und das Erzählen beschäftigte mich so sehr, dass ich alles andere vergaß. Auch den Braten. Bis er sich ganz von selber meine Aufmerksamkeit zurückeroberte: Es roch plötzlich. Und zwar verbrannt. Ganz verbrannt. Eigentlich eher schon verkohlt. Der Braten war nicht mehr zu retten.
Nach einigen Schreckminuten und Krokodilstränen kam meine Spontanität zum Einsatz: Wir brauchten einen Hauptgang. Und zwar schnell. Pizza! Statt rosaroten Roastbeefs gab es ordinäre Pizza. Die passte zwar so überhaupt nicht zu dem schön gedeckten Tisch. Aber der Abend war gerettet. Die Gäste satt und zufrieden. Die Stimmung ausgelassen und lustig. Eine Panne, die noch lange herumerzählt wurde.

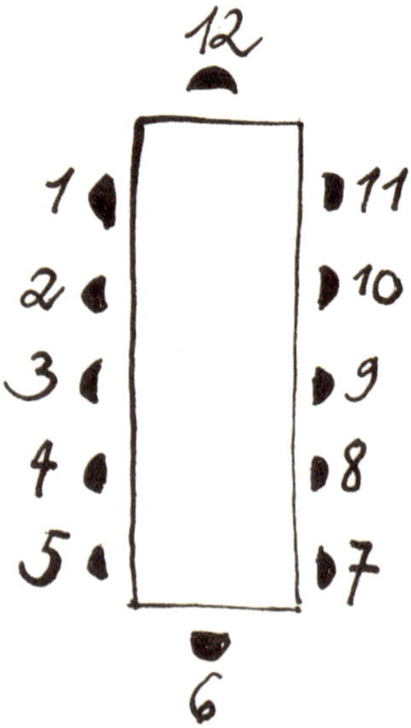

GÄSTELISTE

Wichtige Entscheidung: Wer soll auf Ihrer Gästeliste stehen? Gehen Sie da ganz nach dem Gefühl, wen Sie gerne an diesem Abend um sich scharen möchten. Schreiben Sie die Frauen auf die linke und die Männer auf die rechte Seite der Liste – das erleichtert die Sitzordnung und die Anzahl der weiblichen und männlichen Gäste bleibt ausgeglichen. Laden Sie auch jemanden ein, den Sie noch nicht so gut kennen, das wirkt sehr anregend auf die Gästerunde.

SAVE THE DATE

Eine Dinnerparty mit Musik und Cocktails dauert meist länger – vor allem, wenn Alkohol im Spiel ist. Daher ist es ratsam einen Tag wie Freitag oder Samstag zu wählen, damit am Tag danach alle gut ausschlafen können. Ein persönlicher Tipp: Achten Sie darauf, was an diesem Tag noch los ist. Bei meiner ersten Dinnerparty fand die Fußballweltmeisterschaft statt. Das Resultat: All meine Mühe war umsonst, unsere Gäste rauften sich um die Plätze vor dem Fernsehgerät und statt Cocktails zu servieren musste ich Bier holen gehen.

ERFINDERGEIST

Nicht immer muss ein Geburtstag oder Jubiläum der Grund für die Einladung sein. Erfinden Sie einen Anlass: Sommerbeginn, Erdbeerzeit, Vollmond, …

U.A.W.G.

Persönlich gestaltete Einladungen finde ich immer am nettesten, besonders wenn Sie zu sich nach Hause einladen. Es gibt auch vorgefertigte Einladungskarten, die schönsten hat Huber & Lerner in Wien. Das sollte draufstehen: Wer lädt ein, wer wird eingeladen, Datum und Uhrzeit sowie Adresse und Telefonnummer. Bei förmlichen Dinnerpartys auch den Dresscode anführen. Bei einer großen Feier, bei der eine persönliche Vorankündigung nicht möglich ist, schreiben Sie u.A.w.g. (um Antwort wird gebeten) oder R.s.v.p. (répondez s'il vous plaît) in die rechte untere Ecke der Karte. So wissen Ihre Gäste gleich, dass sie zu- oder absagen müssen. Oft ist auch ein Datum hilfreich, bis wann sie sich zu melden haben, damit Sie in Ruhe planen können.

STIMMUNGSMACHER

❧ Für Themenpartys kaufen Sie passende Kerzen, davon können Sie nie genug haben, denn Licht verbreitet schnell gute Stimmung. Farblich abgestimmte Tischsets, originelle Tischkartenhalter, Serviettenringe, die das Thema widerspiegeln, geben dem Fest einen schönen Rahmen.

❧ Blumen!!! Blumen sind die freundlichste Art Gäste willkommen zu heißen. Achten Sie darauf, dass Tischgestecke nicht zu voluminös sind. Einander gegenüber sitzende Paare sollten sich noch in die Augen sehen können.

BLUMENSPRACHE

Meine Lieblingsblumen:

Januar: Narzissen

Februar: Tulpen

März: Kirschblüten

April: Flieder

Mai: Pfingstrosen

Juni: Margariten

Juli: Rosen

August: Gladiolen

September: Astern

Oktober: Dahlien, Ringelblumen

November: Callas

Dezember: Amaryllis

Arrangieren Sie im Eingangsbereich, im Gästebad und auf dem Coffeetable hinreißende Blumenbouquets.

~ Falls notwendig, verrücken Sie Möbelstücke, um Platz für Plaudereien und intimere Gespräche zu schaffen. Gibt es zuwenige Sitzgelegenheiten – einfach welche ausborgen.

~ Falls Sie keine Bar zu Hause haben, richten Sie für diesen speziellen Event auf einem Tischchen in der Nähe des Geschehens eine ein. Die Musts: Gin, Vodka, Scotch und Campari, Tonic, Eiswürfel, Sodawasser, Limetten und Tomaten- und Orangensaft.

~ Sorgen Sie für genügend Gästehandtücher im Gästeklo. Auch das Klopapier sollte im Überfluss vorhanden sein. (Ein Korb mit Reserverollen macht sich immer gut.) Besorgen Sie kleine Seifen, die sehen einfach schöner aus. Eine Duftkerze sollte auch immer brennen.

~ Für die Raucher unter den Gästen – sorgen Sie für genügend Aschenbecher und Reservezigarren.

HOLLYWOOD & COCKTAILS:

SINGAPORE SLING in Casablanca, 1942
SCREWDRIVER in Verdammt in alle Ewigkeit, 1953
WHISKEY SOUR in Das verflixte 7. Jahr, 1955
MOJITO in Unser Mann in Havanna, 1959
ZOMBIE in Frühstück bei Tiffany, 1961
COSMOPOLITAN in Sex and the City, 2008

APPETITHÄPPCHEN

Ein Häppchen zum Willkommensdrink ist immer ein guter Einstieg. Geräucherte Lachsbrötchen sind out, außer Sie werfen eine „Neunzigerjahre-Revival"-Party. Servieren Sie einmal etwas ganz anderes. Wie wäre es mit Makis – Ihr Lieblingsjapaner kann sie Ihnen vorbereiten. Stöbern Sie in internationalen Kochbüchern und lassen Sie sich inspirieren.

SESSELRÜCKEN

Ich liebe es, Sitzordnungen zu machen. Etwas ruhigere Gemüter setze ich neben redselige, Künstler neben Sammler, wechsle Männer und Frauen ab – ein bisschen flirten hat ja noch nie geschadet – und die Gastgeber setze ich an die Enden des Tisches. So behalten Sie den Überblick und können das Geschehen gefühlvoll steuern. Eine nette Idee bei länger angesetzten Abendessen ist, die Plätze zu wechseln, und zwar vor dem Hauptgang. Nur die Männer werden zum Wechseln aufgefordert. Notieren Sie schon auf der Tischkarte, wohin die Reise geht – jeder Mann schnappt sich sein Weinglas und setzt sich auf seinen neuen Platz – das sorgt für neuen Gesprächsstoff und mehr Spannung!

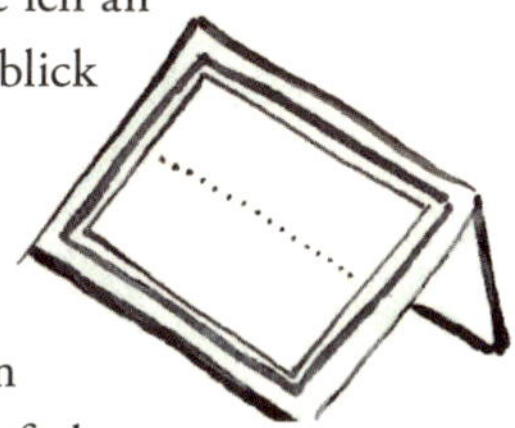

MENÜWAHL

Falls Sie selber kochen – bleiben Sie bei dem, was Sie am besten können. Niemand wird es Ihnen übel nehmen, schon wieder dasselbe serviert zu bekommen. Denn wenn es schmeckt, sind alle zufrieden. Falls Sie eine Dinnerparty mit vielen Leuten planen, organisieren Sie einen Koch. Kein 7-Gänge-Menü: Niemand kann so viel essen. Denken

Sie daran, dass nicht alle gerne Fleisch mögen, planen Sie auch einen vegetarischen Gang ein. Vergessen Sie den Käse nicht, denn nicht alle Gäste haben Lust auf Süßes. Oder Sie entscheiden sich für beides. Dann sollte der Käse vor dem Dessert serviert werden. Apropos servieren: Gegeben wird von links, abgeräumt von rechts.
Zum Kaffee reichen Sie Petit Fours, dazu Grappa oder Averna. Und sorgen Sie für genügend Mineralwasser. Der Wein sollte unbedingt zum Menü passen. Lassen Sie sich von Profis beraten.

APERITIF & DIGESTIF

Der Aperitif, kurz Apéro, soll den Appetit anregen und den Gast in eine angenehme Stimmung versetzen. Ein herrlicher Einstandsdrink ist die „Kalte Ente" – leicht, aber dennoch mit Pfiff. Das Rezept stammt von meiner Schwiegermutter Helga Treichl. Zutaten: 1 Flasche Sekt, 1 Flasche Weißwein, 1 Flasche Mineralwasser und – viele Zitronenschalen. Kein Eis, da es zu sehr verwässert und die Kohlensäure stark vermindert.
Als Aperitif ohne Alkohol eignet sich z. B. ein würziger Tomaten- oder ein frisch gepresster Grapefruitsaft.
Der Digestif kommt nach dem Essen dran, denn er fördert die Verdauung. Mein Digestif ist Averna mit Zitrone und Eis. Mein Schwiegervater liebt Ramazzotti. Bei einem Freund wird Jahrgangsportwein kredenzt.

„KALTE ENTE":

Zutaten:
1 Flasche Sekt, 1 Flasche Weißwein, 1 Flasche Mineralwasser und – viele Zitronenschalen. Kein Eis, da es zu sehr verwässert und die Kohlensäure stark vermindert. Als Aperitif ohne Alkohol eignet sich z. B. ein würziger Tomaten- oder ein frisch gepresster Grapefruitsaft.

TONANGEBEND

Wählen Sie schon vor dem Essen die CDs sorgfältig aus. Die Musik sollte nur Hintergrund sein. Nicht zu laut, damit die Konversation nicht übertönt wird. Es gibt bereits herrliche Kompilationen, die sich für solche Abende eignen. Vermeiden Sie „Fahrstuhlmusik" – das wirkt einschläfernd.

GASTGEBERIN

Eine gut gelaunte Gastgeberin wirkt ansteckend. Und das ist die beste Voraussetzung für einen gelungenen Abend. Damit Sie gut lachen haben, gibt es nur eines: auf alles vorbereitet sein.

- Für eventuelle Pannen vorsorgen: ein Gast ist Vegetarier, ein anderer muss vor der Nachspeise gehen, Ihre Freundin bringt spontan jemanden mit, …
- Umsichtig sein: Gäste, die sich untereinander nicht kennen, unbedingt vorstellen.
- Achten Sie darauf, dass Wein- oder Wassergläser nie leer sind.
- Aufmerksam sein – auch bei der Verabschiedung. Nicht vergessen sich für das Gastgeschenk zu bedanken.
- Ein Give-away vorbereiten. Wie wäre es mit Muffins, on top die Initialen des jeweiligen Gastes aus Zucker, und dann in Zellophan gewickelt?
- Transport anbieten: Taxinummer bereithalten oder Studenten bitten sich als „Fahrer" zur Verfügung zu stellen.
- Aschenbecher ausleeren: Nichts ist ungemütlicher als kalter Zigarren- oder Zigarettenrauch.
- Süßigkeiten auf Lager halten: Ich habe die Erfahrung gemacht, dass Gäste, je später der Abend wird, gerne nach Süßem verlangen.

Der perfekte Gast

DOs

- Auf schriftliche Einladungen in der angegebenen Zeit antworten.
- Pünktlich erscheinen. 15 Minuten später ist elegant. Bis zu 25 Minuten ist im Rahmen.
- Das Mitbringsel: Eine Flasche Wein (seien Sie nicht „beleidigt", falls diese nicht sofort getrunken wird), eine Bonbonniere oder eine CD sind immer gute Tipps. Bei Blumen bitte umsichtig sein. Jede Gastgeberin hat sicherlich

schon ein Blumenarrangement gewählt. Wenn Sie doch welche schenken wollen, dann unbedingt einen Tag davor oder einen Tag danach zusammen mit einer netten Karte schicken. Falls Sie aber doch mit Blumen erscheinen wollen, diese in einer Vase mitbringen, da keine Gastgeberin an so einem speziellen Abend gerne nach Behältern suchen will.

- Gute Manieren zeigen. Nicht über das Maß trinken, und falls Sie rauchen möchten, bitte vorher fragen, ob dies erlaubt ist. Falls Sie eine Rede halten wollen, bitte es mit der Haufrau oder dem Hausherren vorher besprechen.
- Lobeshymne auf das Essen: Ehrlich sein und nicht übertreiben.
- Einen Toast auf die Hausfrau oder den Hausherren aussprechen.
- Beim Abräumen der Teller unbedingt Ihre Hilfe anbieten. Viele Hände – schnelles Ende!

Oftmals wird sie bei gesetzten Abendessen abgelehnt. Dann bleiben Sie auch sitzen, denn nichts ist störender, als ein Gedränge vor dem Geschirrspüler und ein leerer Tisch.

DINNER IN SZENE GESETZT …

Dinner for One, 1945
Der diskrete Charme der Bourgeoisie, 1972
Rat mal, wer zum Essen kommt, 1967
Der Partyschreck, 1968
Eine Leiche zum Dessert, 1975
My Dinner with Andre, 1981
Hannah und ihre Schwestern, 1985
Delikatessen, 1991
Eat Drink Man Woman, 1994
Bella Martha, 2000
Ratatouille, 2007
Rezept zum Verlieben, 2007

DON'Ts

- Keinen Überraschungsgast mitbringen.
- Nicht die Tischkarten vertauschen. Bei einem länger geplanten Essen wäre dies der Gastgeberin gegenüber sehr unhöflich, denn diese hat sich über die Sitzordnung sicher ihre Gedanken gemacht.
- Nicht sofort in die Küche stürmen. Manche Köche „wurschteln" lieber alleine und nicht coram publico – also einfach fragen, ob man stört.
- Mobiltelefone und Blackberrys abschalten. Falls Sie ausgerechnet an diesem Abend unabkömmlich sind, bitte auf Summton schalten.
- Keine Übernachtungen: Gehen Sie nicht als Letzter, außer die Gastgeberin bittet Sie zu bleiben.
- Vermeiden Sie es, zu tief ins Glas zu schauen. Als Gradmesser gilt: Kennen Sie Ihren Heimweg noch?

MITBRINGSEL

Erscheinen Sie bei Einladungen nie mit leeren Händen. Es muss aber nicht immer nur Wein & Blumen sein.

- Ein Foto von den Gastgebern in einem hübschen Rahmen.
- Eine schussbereite Polaroid- oder Lomo-Kamera, um den Abend einzufangen.
- Ein Topf mit unterschiedlichen Kräutern.
- Ein leeres gebundenes Buch für alle Gäste zum Hineinschreiben oder Hineinzeichnen.
- Eine Duftkerze.

PROST RUND UM DEN GLOBUS:

Russisch: Sa sdarowje
Japanisch: Kanpai
Österreichisch und Deutsch: Prost
Französisch: Santé
Italienisch: Cin Cin
Norwegisch: Skål
Spanisch: Salud
Amerikanisch: Cheers

Für einen speziellen Anlass wie Jubiläum, Geburtstag oder Hochzeit:

- Ein Anhänger mit einer Gravur. Zum Beispiel ein ganz persönlicher Wunsch für den Jubilar!
- Ein Fotobuch.
- Für Menschen, die schon alles haben – eine Spende in deren Namen an eine Hilfsorganisation.

COCKTAIL-SMALLTALK

- Verbreiten Sie gute Stimmung.
- Verzichten Sie auf übertriebene Gute-Laune-Sprüche.
- Ergreifen Sie die Initiative: Stellen Sie sich anderen vor.
- Seinen Sie interessiert, suchen Sie nach Gleichgesinnten.
- Seien Sie kein Mauerblümchen: Mischen Sie sich unter die Gäste.
- Vermeiden Sie das Thema Politik und bleiben Sie bei unterhaltsamen Themen wie Filme, Restaurants, Reisen und Kunst.
- Achten Sie darauf, dass Sie nicht zu viel Information von sich verraten.
- Treten Sie selbstsicher auf.

... und zum Nachlesen

Grüne Tomaten von Fannie Flagg
Die Schlemmerorgie von Nan und Ivan Lyons
Babettes Fest von Tania Blixen
Das allerbeste Apfelmus von Dorothy Canfield Fisher
Like water for chocolate von Laura Esquivel

Guter Stoff: *Mode*

Auf Schönfärberei verzichten
und lieber Stil zeigen

Für mich ist Mode die schönste Nebensache der Welt. Und trotzdem, oder gerade deswegen: Die einzigen Moderegeln, die ich befolge, sind meine eigenen. Ich trage nur das, was mich glücklich macht. Ziehe das an, was mir steht und worin ich mich den ganzen Tag wohlfühle. Richte mich nach meinem eigenen Stil. Und bin keinem Modeschöpfer hörig. Fashion-Victim – das gibt es bei mir nicht. Aber: Ich habe viele Vorbilder, deren Stil bereits Geschichte gemacht hat. Zum Beispiel Coco Chanel. Ihr haben wir das kleine Schwarze zu verdanken. Oder Jean Seberg: Sie ist mit ihrem legendären Kurzhaarschnitt berühmt geworden.
Niemals würde ich meinen Stil der Mode wegen radikal ändern. Dennoch lasse ich mich inspirieren, greife gerne neue Ideen auf und lasse diese behutsam in meinen Stil einfließen. Ich bevorzuge es, wenige Kleidungsstücke zu besitzen, dafür müssen diese von hoher Qualität sein. Meist kaufe ich etwas Schlichtes und experimentiere mit Accessoires. Mein Modemotto: „Sei ein wenig verrückt, be a little dramatic und habe Spaß!“ Das passt gut zu meinem Stil: schlichte Eleganz mit einem Schuss Gewagtheit.

„Ein Mann kann anziehen, was er will, er bleibt doch nur ein Accessoire der Dame.“

Coco Chanel

„Zu einer wirklich eleganten Frau passt modisch alles – nur kein armer Mann.“

Yves Montand

DAS KLEINE SCHWARZE

Oft kopiert, nie erreicht: Das kleine Schwarze von Audrey Hepburn in *Frühstück bei Tiffany* war das meistkopierte der Welt. Erfunden hat es Coco Chanel bereits 1919. Die Zeitschrift Vogue nannte es Chanels „Ford". Kein Wunder, dass es so erfolgreich wurde. Die Farbe Schwarz macht schlank, rückt das Gesicht in den Mittelpunkt und wirkt förmlich und leger zugleich.

WEISS – GROSS IN SZENE GESETZT

- Audrey Hepburn in *Ein süßer Fratz* – eines meiner liebsten Hochzeitskleider von Hubert de Givenchy
- Marilyn Monroes Halterkleid in *Das verflixte 7. Jahr*
- Weiße Levis 501 von Jackie O.
- *The White Album* von den Beatles
- Schneewittchen und die sieben Zwerge von den Brüdern Grimm
- Debütantinnen auf dem Wiener Opernball
- John Travoltas weißer Anzug in *Saturday Night Fever*

DIE KLASSIKER

Das sind jene guten Stücke, die ihre Eleganz für immer & ewig behalten:

- Gut sitzende Jeans
- Weiße Bluse oder weißes Shirt
- Das kleine Schwarze
- Hohe schwarze Pumps
- Wickelkleid
- Dunkelgraue Tweedhose

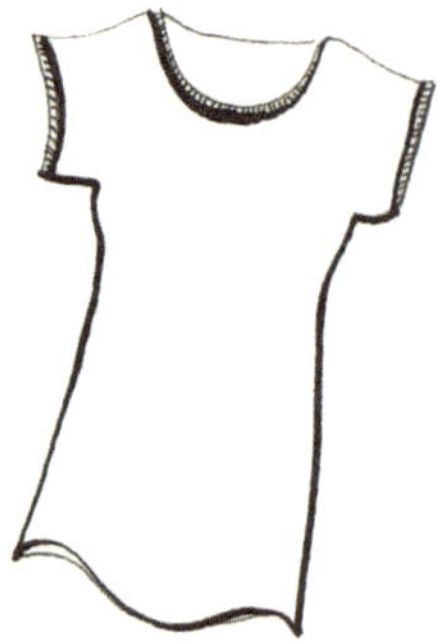

- Pullover mit V-Ausschnitt
- Gut sitzender dunkler Blazer

DINGE, DIE JEDE FRAU ZUHAUSE HABEN SOLLTE

- Weiße T-Shirts
- Dunkles Cocktailkleid
- Schwarze Tweedhose
- Mantel, der tailliert ist und so die Weiblichkeit mehr zur Geltung bringt
- Blazer
- Hohe schwarze Pumps & schwarze Ballerinas
- Strickjacke oder Pashmina
- Jeans
- Kleine schwarze Tasche

DIESE FILM-MODE HAT MICH NACHHALTIG INSPIRIERT

Rita Hayworth in *Gilda*, 1946
Grace Kelly in *Die oberen Zehntausend*, 1956
Audrey Hepburn in *Ein süßer Fratz*, 1957
Anouk Aimée in *Ein Mann und eine Frau*, 1966
Jane Fonda in *Klute*, 1971
Tatum O'Neal in *Paper Moon*, 1973
Catherine Deneuve in *Die letzte Metro*, 1980

DAS WEISSE HEMD IM FILM:

Audrey Hepburn in **Ein Herz und eine Krone**
Diane Keaton in **Der Stadtneurotiker**
Julia Roberts in **Pretty Woman**
Uma Thurman in **Pulp Fiction**

DIESE FILME HABEN TRENDS AUSGELÖST

Susan... verzweifelt gesucht – Madonna
Bonnie und Clyde – Faye Dunaway & Warren Beatty
Frühstück bei Tiffany – Audrey Hepburn
Außer Atem – Jean Seberg & Jean-Paul Belmondo
Der große Gatsby – Mia Farrow & Robert Redford
Jenseits von Afrika – Merryl Streep
Sex and the City – Sarah Jessica Parker
Der Teufel trägt Prada – Anne Hathaway
Valentino: The Last Emperor – Valentino
Coco Chanel – Der Beginn einer Leidenschaft – Audrey Tautou

5 GLAMOUR-ACCESSOIRES UNTER 50 EURO

Roter Lippenstift
Schwarzer Eyeliner
High Heels – je höher umso besser!
Clutch aus Metall
Wolltuch oder Kunstpelzschal

BERÜHMTE SCHUHE

- Aschenbrödels gläserner Schuh
- Elvis Presleys blaue Wildlederschuhe
- Der Schuh, mit dem Nikita Chruschtschow auf den Tisch schlug
- Merkurs geflügelte Sandalen
- Nancy Sinatras Stiefel
- Rote Schuhe im *Zauberer von Oz*
- Die Absätze Ludwigs XVI
- Imelda Marcos' Schuhe
- Carries Manolos-Sammlung

„Ich weiß nicht, wer die hohen Absätze erfunden hat, aber die Männer verdanken demjenigen eine Menge.“

Marilyn Monroe

Gönnen Sie sich Schuhe zum „Lehnen“. Das sind diese hohen stackseligen Dinger, mit denen man eigentlich gar nicht gehen kann, die aber eine Aufsehen erregende Figur machen.

SALONFÄHIG

- Blick nach unten und Sie erkennen sofort, ob jemand stilvoll gekleidet ist: Die Schuhe sagen so gut wie alles über einen Menschen aus.

- Werden Sie Ihr eigener Style-Guru: Wenn Sie etwas unbedingt haben wollen, dann gönnen Sie es sich. Nichts ist lästiger als ein Teil, dem man nachtrauert.

- Wenn ein T-Shirt oder Jeans besonders gut passen, dann am besten gleich zwei davon kaufen.

- Der Tag-für-Tag-Look: Kleiden Sie sich stets so, wie es zu Ihrem Tagesvorhaben passt. Nichts ist mühsamer als ein Besuch im Park mit hohen Absätzen und Bleistiftrock.

- Statt zu drei billigen Outfits lieber zu einem teureren greifen. Aber nur dann, wenn die Qualität auch wirklich stimmt.

Ich liebe H&M, Zara oder Mango – da findet man die supertrendy Stücke, bei denen es mir nicht leid tut, mich nach einer Saison wieder von ihnen zu verabschieden.

Kaufen Sie nie eine Kleidergröße zu klein. Ich weiß aus Erfahrung, dass dies die Kleiderschrankhüter bleiben. Außerdem ärgert man sich, wenn man immer noch nicht hineinpasst.

Ein großer Spiegel ist ein absolutes Must. Betrachten Sie sich stets auch von hinten. Oft sitzt ein Kleid vorne gut und hinten – no way.

Kopieren Sie nicht den Stil eines anderen (und wenn schon, dann gut!) – lassen Sie sich lieber davon inspirieren.

Wenn Sie wirklich wissen möchten, ob Sie gut aussehen, dann fragen Sie niemals Ihre Kinder. Schon gar nicht, während sie sich einen Film ansehen. Sie sind so abgelenkt, dass ihr Urteil mit Sicherheit nichts Gutes bedeutet.

Kleiden Sie sich nicht so wie Ihre Tochter. Das wirkt meist lächerlich.

Verwandeln Sie Schwächen in Stärken. Ein großer Po? Dann kaschieren Sie ihn nicht, sondern setzten ihn wie Jennifer Lopez gekonnt in Szene.

Zu große Ausschnitte sind vulgär. Lassen Sie Ihrem Vis-à-vis ein wenig Raum für Fantasie. Das ist sexy.

- Wenn eng anliegende Kleider oder Röcke an der Tagesordnung stehen, vergessen Sie niemals die passende Unterwäsche. Ein Slip, der sich durchdrückt, vermasselt alles.

- Wenn ein Dresscode verlangt wird, dann sollten Sie sich daran halten.

- Wenn Ihre Partnerschaft schon länger andauert, vergessen Sie nie in neue Dessous zu investieren. Das macht sexy und belebt die Beziehung.

DRESSCODE:

Black Tie oder Smoking

Er im Smoking, sie im kurzen Cocktailkleid oder eleganten Hosenanzug. Das lange Abendkleid braucht es nur dann, wenn es ausdrücklich verlangt wird. Bei Sommerpartys können die Damen ruhig in langem Kleid kommen.

Cocktail

Er im Anzug mit Krawatte, sie im Cocktailkleid, das weniger elegant ist als das Black-Tie-Kleid.

Frack

Er im Frack mit Orden, sie im langen Abendkleid mit echtem Schmuck!

Cutaway

Sollte er keinen Cutaway haben, dann geht auch ein dunkler Anzug. Sie unbedingt mit Hut und Mäntelchen.

Casual
Er muss keinen Anzug tragen, kann aber. Blazer mit Hose ist ebenfalls salonfähig. Keine Krawatte, dafür Pullover über die Schulter. Sie in Kleid oder Hose mit Jacke.

Smart casual
Ist einen Hauch eleganter als casual, ähnlich Ihrer Businesskleidung. Hier braucht der Mann eine Krawatte.

Blazer
Er in Jacke (meist dunkelblau mit farbiger Hose) und Krawatte, sie in Hosenanzug oder Kleid.

Informal
Den Dresscode müssen Sie nicht zu wörtlich nehmen. Herren tragen dunkle oder graue Anzüge, Frauen halblange elegante Kleider. Fertig!

Art party
Bunt und lustig – informell.

Glamorous Cocktail
Gleicher Dresscode wie Black Tie!

Tracht
Er in Jagdsmoking oder bei weniger formellen Anlässen im Jagdblazer, sie im Dirndl.

DIESE DREI FRAGEN SOLLTEN SIE SICH IMMER STELLEN:

- Kann ich in diesen Schuhen gehen?
- Kann ich in diesem Kleid sitzen?
- Kann ich mich mit diesem Ausschnitt vorlehnen?

HANDGREIFLICH: UTENSILIEN FÜR DIE HANDTASCHE

- Lipgloss
- Pfefferminzkaugummi
- Papiertaschentücher & Wattestäbchen
- Portemonnaie
- Blackberry oder Handy
- Wimperntusche
- Kleiner Handspiegel
- Lederbüchlein mit Stift für Notizen
- Ich habe immer meine Agenda dabei!
- iPod
- Vom Wetter abhängig: Sonnenbrille, Schal oder Pashmina

HANDTASCHEN MIT RUHM-FAKTOR

Kelly Bag: 1930 ursprünglich für den Transport von Zaumzeug kreiert. Wurde 1956 von Grace Kelly auf dem Titelblatt von Life vorgestellt. Sie versuchte damit ihre Schwangerschaft zu verbergen.

Chanel 2.55 Bag: Der Name verweist auf ein wichtiges Datum: Februar 1955. Damals hatte Coco Chanel den Waffelklassiker mit Kettenriemen erstmals vorgestellt.

Di-Bag: Die letzte Tasche von Lady Di, von Dior.

Speedy: Eine geräumige Tasche in Monogramm-Canvas von Louis Vuitton. Passt zu jedem Outfit, lässt sich lässig über die Schulter hängen oder in der Hand tragen. Die Lederhenkel sehen mit den Jahren immer besser aus!

Birkin Bag: 1986 von Hermès für die Schauspielerin Jane Birkin gestaltet.

Baguette: Eine Clutch mit Riemen, die man schnell unter den Arm klemmen kann, von Fendi. Perfekt fürs Abend-Outfit.

Jackie Bag: Benannt nach Jacqueline Lee Bouvier Kennedy Onassis, kurz Jackie O. Sie trug diese Gucci-Tasche in den 60er Jahren in verschiedenen Varianten.

Ein Tipp meiner Mutter:

„Wenn du aus dem Haus gehst, achte darauf, dass du immer ordentlich gekleidet bist. Denke daran: Du könntest ja den Präsidenten treffen."

Beauty

Ganz ohne Beast

Nicht jede Frau liebt es, den ganzen Tag mit Make-up herumzulaufen. Da gehöre ich definitiv dazu. Eine erfrischende Dusche, eine angenehme Körpercreme, leichtes Mousse ins Haar und ich bin bereit, dem Tag ins Auge zu sehen. Falls mir danach ist, greife ich noch zu Ohrclips. Das ist dann aber auch schon das Maximum an „Dekoration". Schminken ist nicht so meine Sache, ich zeige mich lieber ganz so, wie ich bin. Doch seit ich mich immer öfter und vor allem unvermutet der Presse stellen muss, reicht dieses abgespeckte Beauty-Programm nicht mehr aus. Der Hinweis eines Fotografen, ich solle mich doch bitte für das Foto etwas mehr schminken, war ein deutliches Signal. Seither achte ich darauf, dass ich das Haus zumindest mit einem Basis-Make-up verlasse. Eines, das mich nicht bei jedem Blick in den Spiegel erstaunt fragen lässt, wer denn diese Frau sei, die mir da so tief in die Augen schaut. Meine Großmutter hat immer gesagt: „Mit 40 hast du das Gesicht, das du dir verdienst". Damit kann ich gut leben.

Ein weiterer Spruch meiner Großmutter: „Du musst dich entscheiden: Entweder willst du weiterhin über dem Tisch oder unter dem Tisch gut aussehen." Sie meinte damit:

Wer zu sehr hungert, bekommt mehr Falten. Das war noch lange vor Botox & Co.
Und wenn bei jemandem der Anblick von vorne und von hinten so gar nicht zusammenpassen wollte, pflegte sie zu sagen: „Vorne Plissée und hinten Lycée.“ Also ganz wichtig: Frisur und Make-up müssen dem Alter entsprechen.

- Viel Wasser trinken. Die Haut braucht Feuchtigkeit – auch von innen.
- Betonen Sie entweder Mund oder Augen. Beide Partien zusammen wirken gewöhnlich, auch wenn Sie traumhaft schön sind.
- Benützen Sie Parfum mit Fingerspitzengefühl. Untertags reicht ein leichter Sprühnebel Eau de Toilette.
- Rasieren Sie Ihre Bein- und Achselhaare. Zu einem stilvollen Auftritt gehören weder die einen noch die anderen. Vor allem, wenn Sie in ärmellosen und kurzen Kleidern sichtbar werden.
- Unsauber gezupfte Augenbrauen gehören ebenfalls nicht zu einer stilvollen Erscheinung.
- Wenn Sie keine Zeit zum Haare waschen haben, versuchen Sie trotzdem, eine Frisur zu zaubern, bevor Sie das Haus verlassen. Mützen und ähnliche Kopfbedeckungen sind nur dann stilvoll, wenn sie von maximal 18-Jährigen in entsprechendem Umfeld als Frisur-Ersatz getragen werden. Kopftücher fallen als Versteck-Variante ebenfalls aus, sie sind zum religiösen Symbol geworden. Also besser Gel und Spangen ins Haar oder einen attraktiven Haarreifen. Auch ein Hut kann einen Bad-Hair-Day stilvoll retten.

DÜFTE BERÜHMTER FRAUEN

Acqua di Parma – Ava Gardner
Jicky von Guerlain – Brigitte Bardot
Joy von Jean Patou – Josephine Baker
Chanel No.5 – Marilyn Monroe

- Marlene Dietrich bestand darauf, dass ihre Haare in allen Filmen mit echtem Goldstaub bestreut wurden. Bei mir tut es der Conditioner.
- Gepflegte Hände, Nägel und Zehennägel reflektieren den eigenen Selbstwert. Na gut, wenn ich einige Wochen auf dem Land bin und dort „erdige“ Tätigkeiten wie Gemüse ernten und Pilze pflücken ausübe, dann sieht man mir das auch an. Auf dem Land wird mir das niemand übel nehmen. Im Gegenteil, man passt seinen Stil eben der Umgebung an. In der Stadt allerdings sollte man seine Hände sorgfältig eincremen, nach dem Waschen abtrocknen – das beugt dem Alterungsprozess der Haut vor – und die Nägel sollten zumindest mit einer Schicht durchsichtigem Lack verwöhnt werden. Vergessen Sie nie Ihre Zehennägel – denn nichts ist unansehnlicher als eine gepflegte Frau in Sandalen mit abgesplittertem Nagellack.
- Zum stilvollen Gepflegtsein gehören saubere, weiße Zähne. Wer ein Mintbonbon parat hat, kann sein Gegenüber vor eventuellen Lunch-Düften verschonen.
- Selbstverständlich ist auch, ein Deodorant als ständigen Begleiter zu haben. Am besten in Stick-Form – man sprüht zu schnell daneben, wenn man unterwegs in Eile ist.
- Schminken Sie sich niemals im Restaurant bei Tisch. Auch wenn es nur um das Nachziehen der Lippen geht oder ein schnelles Abdecken der Nase mit Gesichtspuder. Ziehen Sie sich auf die Toilette zurück und erledigen Sie sämtliche „Intim-Geschäfte“ außer Sichtweite anderer Menschen, egal, wie gut Sie sie kennen. Sie wissen ja nie, wer einige Tische weiter sitzt und Sie gerade neugierig beobachtet.

- Achten Sie immer darauf, dass Ihre Kleidung in Ordnung ist. Sie müssen nicht unbedingt nach der letzten Mode gekleidet sein, um Stil zu haben. Aber Laufmaschen, Saum, der der Schwerkraft verfallen ist sowie Fressspuren hungriger Motten auf der Kaschmirjacke sind tabu. Eine unsaubere Gesamterscheinung hat nichts mit Stil zu tun, egal wie toll Ihr Make-up ist.
- Ich habe mir angewöhnt, mich bei großen Veranstaltungen wie dem Opernball von einem professionellen Visagisten schminken zu lassen. Der weiß, wie man einen natürlichen Look herstellt ohne dabei wie aus dem Wachsfigurenkabinett auszusehen.
- Falls Sie sich an einem Tag so gar nicht schön fühlen, kaufen Sie sich einen hübschen Blumenstrauß und tragen Sie ihn mit sich herum. Sie werden sehen, wie schnell Sie sich wieder begehrenswert finden!

FILMTIPPS

Alles über Eva, 1950
Stadt der Illusionen, 1952
Sabrine, 1957
Girls, 1957
Shampoo, 1975
Die Schöne und das Biest, 1991
Die Frauen von Stepford, 2004

Crashkurs *Handy*

Wie man den richtigen Ton findet

Kaum vorstellbar, dass wir ohne das kleine mobile Telefon überhaupt jemals existieren konnten. Ich gehöre noch jener Generation an, in der von einem Handy keine Rede war. Dann tauchten sie plötzlich auf, hatten die Größe eines Hundeknochens und waren nicht mehr wegzudenken. Jetzt sind sie winzig und nicht zu überhören. Das Gefiepe, Geläute und Gewummere gehört zum guten Ton, der leider nicht immer gut ist. Wir wissen lückenlos über die Befindlichkeiten unserer Freunde Bescheid. Und auch über die Ups & Downs von uns unbekannten Wesen. Aber wer will das schon. Und wer braucht noch ein natürliches Feindbild, das sich in U-Bahnen und Zügen, bei Haltestellen oder im Restaurant lautstark über sein Seelenleben auslässt. Ein beliebter Ort für „Dramen am Handy" ist auch die Schlange vor der Wurstabteilung. Warum gerade dort, ist mir schleierhaft, aber eines ist sicher: Bei dem Kunden mit Handy geht es um die Wurst, bei den anderen um Leberwurst.

Der größte Vorteil der Handys ist: Man kann sie abschalten. Der größte Nachteil: Man vergisst es. Nichts ist peinlicher, als wenn mitten im 3. Akt, während es bei Hamlet um Kopf und Kragen geht, die James-Bond-Melodie erklingt. Und zwar so laut, dass sogar der Sterbende auf der Bühne für einen Moment innehält.

DOs

- **Diskretion:** Falls Ihr Handy während einer Besprechung, einer Familienfeier oder eines Essens läutet, bitte aufstehen und „abseits" telefonieren.
- **Ruhe bewahren:** Ob in der Oper, im Theater, im Kino oder Konzert – immer das Handy abschalten.
- **Ignorieren:** Mitten in einer Gesprächsrunde zu telefonieren macht Sie schnell zum Außenseiter. Zollen Sie Ihren Kollegen oder Bekannten Respekt, indem Sie nicht abheben.
- **Der Ton macht die Musik:** Achten Sie auf den Klingelton! Es gibt so penetrante Töne, die einem durch Mark und Bein gehen. Lautstärke regulieren und den Umständen anpassen.
- **Lautstärke:** Sowohl der Klingelton als auch die Tonlage Ihrer Stimme sollte dezent sein.
- **Zur Schau stellen:** Es gibt Handy-Monomanen, die legen nicht nur ein, sondern gleich zwei Handys auf den Tisch. Das geht gar nicht. Handys sollen in der Tasche bleiben! Denn auch das permanente Blinken und Vibrieren hat Tischverbot.
- **SMS-Wahn:** Kennen Sie jene Mitmenschen, die mitten in einem Gespräch SMS in ihr Handy tippen? Wenn es schon sein muss, dann kurz entschuldigen und wegdrehen.
- **Summerton:** Jedes Handy hat auch einen Vibrierton. Wer Stil hat, schaltet ihn ein, entschuldigt sich, steht auf und telefoniert dann ungestört und leise.

- **Jeder kennt die Situation:** Ich warte oft auf den Anruf meiner Kinder und dann – ich bin mitten in einem Gespräch – kommt der Anruf. Wenn man sich kurz entschuldigt, hat jeder Verständnis. Doch bitte vermeiden Sie stundenlange Nacherzählungen, wer warum angerufen hat. Bei sehr guten Freunden kein Problem, doch bei „flüchtigen Bekannten" ein No-Go.
- **Unterwegs:** In Zug, Straßenbahn, U-Bahn, auf Gates und überall dort, wo viele Menschen auf knappem Raum beisammen sind, bitte leise und dezent kommunizieren.

DON'Ts

- **Gespräche mit Dritten:** Sie sind am Telefon und jemand, der zufällig des Weges kommt, fragt Sie etwas. Sie antworten, ohne dem anderen am Ende der Telefonleitung Bescheid zu geben. Das könnte Verwirrung stiften.
- **Geräuschkulisse:** Waschmaschine, Staubsauger oder Mixer sollten bei Gesprächen abgedreht bleiben. Der Gesprächspartner fühlt sich sonst nicht ernst genommen.
- **Schmatzen:** Essensgeräusche sind keine gute Untermalung. Auch einen Kaugummi nimmt der andere wahr. Bei wichtigen Telefonaten sollte man sich vorher davon trennen.
- **Niesen:** Falls es passiert, bitte das Telefon weit weg halten.
- **Ein Dritter klopft an:** Unterbrechen Sie Ihr Gespräch nicht, sondern rufen Sie später zurück.

TEST: SIND SIE SÜCHTIG?

Machen Sie den Test

- Wenn Sie in einem Restaurant zu Abend essen und es nicht schaffen, ohne SMS den Abend zu überstehen.
- Wenn Sie dem Zwang unterliegen, ständig Ihre SMS oder Emails zu checken.
- Wenn Sie grantig und unruhig werden, falls Anrufe oder Nachrichten nicht umgehend beantwortet werden.
- Wenn Sie unbedingt das aktuellste Modell mit den neuesten Funktionen besitzen müssen.
- Wenn Sie Angstzustände bekommen, weil Ihr Handy nicht in Reichweite ist.

Auswertung: Falls nur ein einziger Punkt auf Sie zutrifft, machen Sie folgende Übung: Handy mehrmals am Tag abschalten!

EIN BLACKBERRY-DAUMEN

Schmerzhafte Sehnenscheidenentzündung im Daumen durch exzessiven Gebrauch eines PDA; eine mit dem Mausarm verwandte Managerkrankheit.

DAS HANDY SPIELT DIE HAUPTROLLE

Wall Street, 1987
Oliver Stones Yuppie-Epos war einer der ersten Auftritte des Mobiltelefons: Michael Douglas telefoniert damit als Börsenhai Gordon Gekko vom Privatstrand aus.

Speed, 1994
Der Handythriller mit Keanu Reeves – mit Mobiltelefon an Bord des gehetzten Speed-Busses.

Jurassic Park III, 2001
Ein Saurier frisst zu Beginn des Filmes ein Handy.

Final Call, 2004
Telefon-Thriller mit Kim Basinger und Chris Evans: Wenn er auflegt, muss sie sterben.

Mission Impossible III, 2006
Tom Cruise flüchtet dank Handynavigation über die Dächer.

James Bond 007 – Casino Royal, 2006
James Bond checkt Kurznachrichten auf dem Handy seiner Freundin.

Flug 93, 2006
Paul Greengrass' Film über die letzten Anrufe der Passagiere des United Airlines Fluges 93 am 11. September 2001.

DAUMEN DRÜCKEN

Niemand tippt so schnell SMS-Nachrichten in sein Handy wie die Wirtschaftsstudentin Kimberly Yeo. In rund 44 Sekunden schrieb sie folgenden Satz auf Englisch: „Die mit rasiermesserscharfen Zähnen ausgestatteten Piranhas der Gattungen Serrasalmus und Pygocentrus sind die gefährlichsten Süßwasserfische der Welt. Tatsächlich greifen sie Menschen nur selten an."
Dafür hat sie täglich mehr als zwei Stunden trainiert.

LAUSCHANGRIFF

Vergessen Sie nicht, die Tastensperre Ihres Telefons zu drücken. Sonst kann es bei einer unabsichtlichen Wahlwiederholung dazu kommen, dass Sie – natürlich ganz ohne Absicht – belauscht werden.

Virtuelles *Netzwerk*

Exhibitionismus oder einfach gut vernetzt?

Facebook, Myspace, Twitter und wie sie alle heißen sind virtueller Exhibitionismus par excellence. Intimsphäre ade, jeder darf wissen, wo man wohnt, was man macht, mit wem man befreundet ist und womit man gerade seine Zeit verbringt. Und sei es nur, dass einen der Heuschnupfen plagt und man sich über Zuspruch und Aufmunterung aus den Reihen der „Freunde" freut. Apropos Freunde: Die gewinnt man online schneller als face to face. Die Tochter eines Bekannten hat bereits über 500 – nicht schlecht.

Facebook & Co sind zur Bestform sozialer Kommunikation und rascher Interaktion aufgelaufen. Sogar mir macht es Spaß, mit Menschen in Kontakt zu bleiben, die ich nicht so oft sehe, weil sie auf der ganzen Welt verstreut sind. Mit ihnen Erlebnisse auszutauschen, sie an meinem Leben teilhaben zu lassen – und sei es nur durch das Online-Stellen der Fotos vom letzten Kinderfest – schafft eine Verbundenheit, die es sonst nicht gäbe. Und das auf eine einfache und unkomplizierte Art, die weite Distanzen in Nullkommanichts überbrückt.

PRO

- Kostet nichts.
- Entscheidungsfreiheit: Was man von sich preisgibt und welche Infos man lieber für sich behält, ist einem selber überlassen. Zudem kann man einstellen, wer das eigene Profil sehen darf – nur echte Freunde oder einfach jeder.
- Auf Gleichgesinnte stoßen, das ist einfach. Es gibt Gruppen jeglicher Gesinnung, denen man beitreten kann: von spaßig bis politisch, von geographischen bis zu beruflichen Gruppen.
- Facebook & Co sind auch eine Art „Familienersatz", wenn man alleine lebt oder niemanden in seiner Nähe hat, der einem ein Ohr leiht. Dann kann man über Dinge schreiben, die man im Alltag vielleicht nicht so teilen kann.

- Vernetzungstool: Facebook ist ideal, um über seine Emailadressbücher Freunde zu finden. Man kann sich auch durch die Freundeslisten seiner Freunde klicken oder direkt nach Klassenkameraden und Arbeitskollegen suchen. Zudem werden Kontakte zu gemeinsamen Freunden angezeigt, die z.B. die gleiche Universität besucht haben.
- Partys, Klassentreffen und Events können über Facebook & Co einfach organisiert werden.
- Books und CDs können einfach promotet werden.

CONTRA

- Facebook & Co sind genau für jene Menschen geschaffen, die gerne ihr Privatleben mit Freunden und Bekannten teilen. Wer dem nicht so offenen gegenübersteht, sollte lieber weiterhin anders kommunizieren.
- Es gibt immer wieder Betrüger, die mit Informationen aus dem Internet Kontos plündern oder Bestellungen durchführen. Es empfiehlt sich also, Informationen wie das Geburtsjahr und den Geburtsort, kurz, alles was in einem offiziellen Dokument auftaucht, nicht preiszugeben.
- Zusatzanwendungen haben den Nachteil, dass sie meist von externen Betreibern bereitgestellt werden, denen man mit der Anmeldung Zugang zu seinen Daten gibt.
- Jeder kann frei entscheiden, was er von sich im Netz freigeben will. Nur eines ist zu bedenken – Dinge, die einmal im Netz stehen, können sich ohne das eigene Zutun verbreiten.
- Vorsicht bei Fotos. Vor allem bei solchen, die Situationen zeigen, die nicht für die Öffentlichkeit bestimmt sind.
- Schreiben Sie nie, wann Sie auf Urlaub sind. Einbrecher freuen sich über diese „Einladung".
- Nervig sind User, die andere User „sammeln" – sprich Freunde bei sich dazufügen, aber nichts über sich publizieren.

;-) Virtuelle Bekanntschaften müssen sich erst bewähren. Denn echte Freundschaften messen sich an dem, was einen verbindet. Wer per Mausklick „Freunde sammelt" – hat meist keine.

DIE GRÖSSTEN SOZIALEN NETZWERKE: STUDIVZ, FACEBOOK, XING, MYSPACE, TWITTER

Facebook & Co Manual

- Es ist gut, Facebook-Freunde zu haben. Es ist noch besser, mit persönlichen Informationen achtsam umzugehen. Es gilt die einfache Regel: Geben Sie nicht mehr als Ihr Bild, Ihren Namen und allgemeine Informationen preis. Ihre Wall, Interessen, Kontaktinformationen sowie Fotos und Videos sollten nur für jene Menschen zugänglich sein, die Sie persönlich kennen.
- Behalten Sie Ihr Alter für sich, gerade wenn Sie noch sehr jung sind. Es gibt leider auch Cyberstalker, die nichts Besseres zu tun haben, als persönliche Informationen von Ihnen zu sammeln und Sie dann zu belästigen.
- Verraten Sie auch niemandem außer echten Freunden, wohin Sie ausgehen oder mit wem Sie sich treffen. Cyberstalker können eine echte Bedrohung werden.
- Akzeptieren Sie keine Facebook-Einladungen zu Veranstaltungen, deren Absender Sie nicht persönlich kennen.

Auch wenn Sie vorhaben, zu der Veranstaltung zu gehen. Denn dadurch weiß jeder auf Ihrer Freundesliste, wo Sie sein werden. Wenn Sie Einladungen annehmen möchten, stellen Sie im Bereich „Privatsphäre" ein, dass diese Informationen nicht an Dritte weitergeleitet werden.

- Treten Sie öffentlichen Gruppen bei, die Ihre Interessen teilen. Der Austausch kann sehr beflügelnd sein. Achten Sie aber darauf, welche Einträge Sie auf Ihrer Wall veröffentlichen. Sie hinterlassen im Netz Spuren, die noch Jahre später zu finden sind.
- Das kreative Potential von MySpace ist groß und vielfältig. Wer sich umfassend in Szene setzen möchte, hat hier die besten Möglichkeiten dazu. Allerdings existiert keine Garantie für richtige Angaben. Große Vielfalt impliziert auch oft große Undurchsichtigkeit sowie Sicherheitslücken. So lassen sich verfassungsfeindliche Inhalte oder Spam-Freundschaftsanfragen zu Werbezwecken leicht verbreiten.

Fazit: Spaß haben, aber vorsichtig sein!

FILMTIPPS

Das Netz, 1995
Der Staatsfeind Nr.1, 1998
Matrix, 1999
Minority Report, 2002
Eagle Eye – Außer Kontrolle, 2008

CYBERSPRACHE

Sie macht die Kommunikation beim Chatten schneller und einfacher. Vorausgesetzt, man beherrscht sie.

bbl ... be back later – komme später wieder vorbei
lol ... laughing out loudly – laut lachen
rofl ... rolling on floor laughing – sich vor Lachen auf dem Boden wälzen
cu ... see you – man sieht sich
g ... giggle – kichern, grinsen
cum ... change your mind – ändere Deine Meinung
pov ... point of view – Standpunkt
ugi! ... you got it! – Du hast es verstanden!
eoc ... end of communication – Ende des Chats

Blütezeit für *Stammbäume*

Spurensuche nach dem Ich

Als mir mein Bruder erzählte, dass unsere Familie ursprünglich aus Regensburg stammt, verwunderte mich das sehr. Ich war überzeugt, wir seien echte Steirer. Nicht, dass dieser Umstand mein Leben veränderte, aber er machte mich neugierig. Wo liegen unsere Wurzeln, warum leben wir hier und nicht dort, warum ist die Familie so groß, um wie viele Ecken bin ich mit einem Cousin zweiten Grades verwandt? Und warum hat Jakob, mein Zweitältester, blonde Haare und ich habe braune? Fragen über Fragen, die ich mir plötzlich stellte. Zum Glück war das Ahnenforschen leicht, denn viele unserer Vor-Vorfahren waren im „öffentlichen Dienst" gewesen und ich konnte ihre Spuren daher leicht aufnehmen. Also machte ich mich eines Nachts auf und zeichnete – nur so für meine Jungs – einen Stammbaum. Es gelang mir in nur wenigen Stunden eine Ahnentafel zu bestücken und Verwandte jeden Grades auf Äste und Zweige zu verteilen. Das Resultat: Eine illustre und bunt gemischte Gesellschaft. Welche Gene da wohl in uns stecken?

Nach einer kurzen Online-Recherche merkte ich, dass ich nicht die einzige war, die sich dem Erforschen ihrer Ahnen widmete. Warum waren ausgerechnet jetzt so viele Menschen hinter ihren Vorfahren her? Ich denke, dass in unserer Generation ein viel besseres Verhältnis zu unseren Eltern besteht. Die ideologischen Gräben sind nicht mehr so tief. Daher ist es schön und in dieser globalen Welt auch nützlich, sich seiner Verwandtschaft wieder zu nähern.

„Die Hälfte des Lebens verbringt der Mensch damit, die falschen Vorstellungen seiner Vorfahren loszuwerden; die andere damit, seinen Kindern falsche Ansichten beizubringen."

Winston Spencer Churchill

Der Stammbaum ist die Darstellung einer Stammtafel in Form eines belaubten Baumes. Der älteste bekannte Vorfahre im Mannesstamm, der Stammvater, findet an der Wurzel des Baumes seinen Platz. Die nachfolgenden Generationen sind entsprechend über die Äste und Zweige verteilt.

MEIN GANZ PRIVATER STAMMBAUM

Ich habe unser Gästeklo zu einer kleinen Fotogalerie umfunktioniert. Dokumente, Gästebucheintragungen und Fotos von Familienmitgliedern und Freunden, die ganz spezielle Erlebnisse widerspiegeln, wurden gerahmt und „ausgestellt". Eine Art erweiterter Stammbaum – der für unsere Gäste sehr unterhaltsam ist!

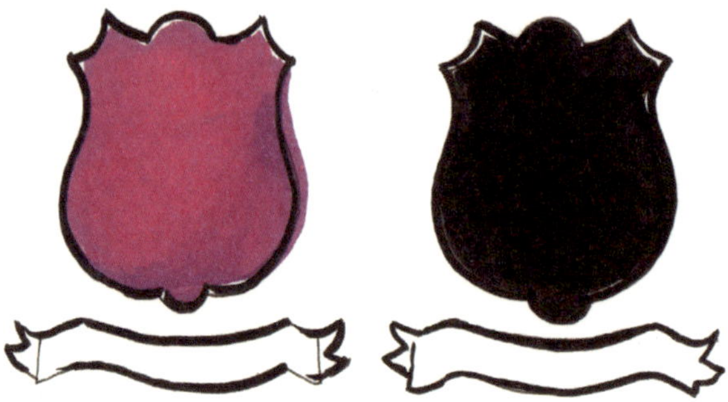

TIPPS FÜR IHREN STAMMBAUM

- Recherchieren Sie in der Familie, fragen Sie ältere Personen. Die Generation unserer Großväter weiß noch enorm viel.
- Sammeln Sie alte Fotos, Geburtsanzeigen, Paten. So finden Sie Informationen, Namen, Ortsangaben und vieles mehr, was die Spurensuche erleichtert.
- Pfarrämter und Standesämter sind gute Anhaltspunkte.
- Fragen Sie Berufsgenealogen – diese haben oft Zugang zu Archiven, die nicht jedermann einsehen kann.

~ Vielleicht finden Sie Familienangehörige, die mit Ihnen forschen. Gemeinsam macht es besonders viel Spaß. Das Internet hat da auch schon etliche übersichtliche Plattformen parat.

STAMMBAUM ONLINE

www.geni.com
www.FamilyOne.de
Verwandt.at
Kindo.com
Myheritage.com
Ancestry.de
Ahnen-Netz.de

STAMMBAUM RELOADED

Das Forschen nach Vorfahren macht nicht nur Spaß, man erfährt dabei auch viel über seine eigenen Wurzeln. Entdeckt, welche Gene in einem stecken. Welche Charaktere es in der Familie gab. Welche Talente immer wieder vorkommen. Dabei kann man Verwandtschaften wieder entdecken und neue Freunde finden.

Der Stammbaum wird zur Kommunikationszentrale für die Familie. Vor allem dann, wenn er nicht nur im goldenen Rahmen hängt und langsam verstaubt. Sondern wenn man Kontakt aufnimmt, Kontakte pflegt und sie an einem zentralen Platz für alle verfolgbar macht. Gerade online ist das eine leichte Übung. So kann die liebe Verwandtschaft bis ans Ende der Welt ziehen, die Verbundenheit bleibt bestehen. Und der Stammbaum lebt.

Die Kunst des *Nein-Sagens*

Oder wie man sich elegant
aus der Affäre zieht

Folgende Szene: Die Geburt meines dritten Sohnes. Ich liege im Kreißsaal. Mein Arzt, die Hebamme und mein Mann stehen erwartungsvoll um mich herum. Ich atme tief, achte auf den Rhythmus der Wehen, horche in mich hinein. Plötzlich läutet es. Ein Anruf am Handy meines Mannes. Er begrüßt den anderen mit den Worten: „Möchte nur kurz abwimmeln." Der andere fragt ungeduldig: „Wie lange dauert es, wann kann ich dich erreichen?" Sie können sich nicht vorstellen, wie ich vor Wut kochte. Ich bringe gerade mein drittes Kind auf die Welt – ein schmerzvoller aber sehr schöner Moment – und er fragt, wie lange ich dafür noch brauchen werde? Da fiel mir ein Spruch meiner Mutter ein. Wenn ihr jemand gegen den Strich ging, meinte sie: Nicht einmal ignorieren. Eine schonende Beendigung sozialer Interaktion unter minimalen Verlusten für alle Beteiligen wäre oft die ideale Lösung. Doch manchmal führt gerade das Ignorieren zu Missverständnissen. Beleidigungen sind die Folge. „Never be unfriendly to people on the way up, because you don't know who you will meet on your way down", hat Estée Lauder meinem Mann erzählt. Muss man auch nicht. Hier die besten Strategien, um taktvoll über die Runden zu kommen.

ÜBERLEBENS-TAKTIKEN:

- Nein sagen können – auch ich musste es lernen. Zu oft habe ich automatisch mit Ja geantwortet. Das Resultat: Viele Stunden, die ich zwar verantwortungsbewusst gemeistert habe, aber wohl gefühlt habe ich mich meist nicht. Jetzt habe ich eine bessere Taktik: Ich sage ganz einfach, ob ich für den „Liebesdienst" Zeit habe und auch, ob ich ihn wirklich gerne verrichten möchte. Ein ehrliches „Ich habe mich so auf meinen ersten freien Nachmittag gefreut" kommt da gleich viel besser an. Oft braucht ein höfliches Ablehnen gar keine Begründung! Doch ich finde es immer nett, dem anderen seine Gründe für das Nein mitzuteilen.

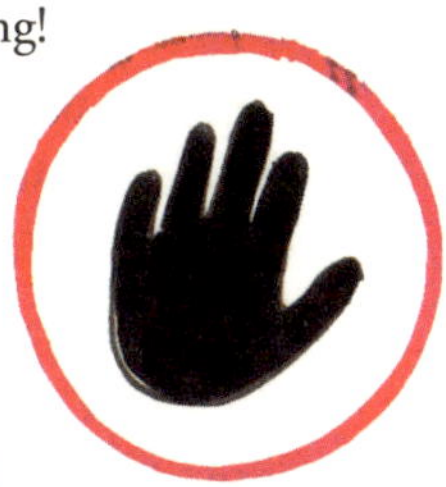

- Auf seine Bedürfnisse achten und danach handeln. Wer weiß, was er will, weiß auch, was er nicht will. Und das sollte man dann auch am besten so kommunizieren.
- Eine kurze Denkpause einlegen, sich ein klares Bild von der Situation machen und dann erst eine Entscheidung treffen – oder die Konversation ein anderes Mal fortsetzen.
- Gefühle zeigen: Wenn das Gegenüber merkt, dass es einem gerade nicht gut geht, dann zieht es seine Bitte oft wieder zurück.

TERMINTYRANNEN UND ENERGIEFRESSER

Sie kennen die Sorte von Menschen – alles ist immens wichtig, und zwar in der Sekunde. Da hilft nur eines: Höflich bleiben und den anderen darauf aufmerksam machen, dass gerade Wochenende/Feierabend/keine Kapazität mehr frei ist, denn die To-Do-Liste reicht sowieso schon bis zum Boden.

Vorsicht vor Energievampiren! In dem Moment, wo sie anrufen, rauben sie einem schon die Kraft. Und zwar immer. Sie können gar nicht anders. Da gilt es, ganz ehrlich zu sagen, dass man jetzt gerade keine Zeit hat.

ABWIMMELN – WENN GAR NICHTS MEHR HILFT

- Handy zücken und ein Gespräch vortäuschen.
- Nach kurzem Gespräch höflich unterbrechen: Ich hole mir schnell etwas zu trinken, habe einen fürchterlich trockenen Hals.
- Mit den Worten: „Tut mir leid, habe es gerade sehr eilig." Und dann mit schnellem Schritt davoneilen.
- Kompliment machen: „Du schaust sehr gut aus – hast du abgenommen?" Meist folgt dann eine Pause, die man zur Flucht nützen kann.
- Etwas in der Tasche suchen oder schnell die Schnürsenkel binden.
- Die Stimme verstellen und so tun, als wäre man jemand anderer.

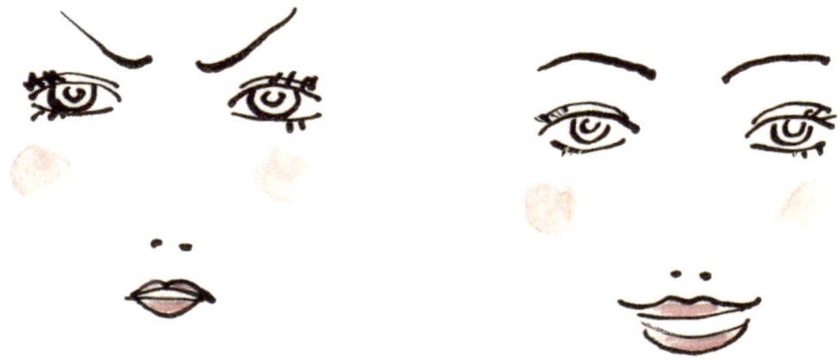

BITTE LÄCHELN

Man braucht 17 Muskeln, um zu lächeln, und 43, um finster zu blicken. Da fällt die Entscheidung doch leicht!

Im Gleichklang: *Freunde*

Was Freundschaft ausmacht

Ein Freund ist etwas sehr Kostbares, Besonderes. Das Besondere an ihm: Er mag dich, obwohl er dich kennt. Er wird zur Familie, und zwar zu einer, die man sich selber aussucht. Für mich ist Freundschaft eine Liebesbeziehung ohne Sex, eine Liebe mit Verstand. Denn für eine tiefe Beziehung braucht es schon mehr als gemeinsame Interessen. Es braucht vor allem eines: Zeit, die man sich füreinander nimmt.

Ich habe in meinem Leben auch schon einige Freunde verloren. Wir haben uns aus den Augen verloren, weil sich das gemeinsame Leben durch soziale oder räumliche Umstände verändert hat. Oder weil uns die Zeit für eine tiefe Verbundenheit gefehlt hat. Viele Verpflichtungen, die intensive Auseinandersetzung mit drei Kindern, dazu ein fordernder Beruf. Manchmal kam es auch vor, dass ich enttäuscht wurde und vielleicht auch selbst enttäuscht habe. Da fragt man sich – zu Recht: Was muss eine Freundschaft aushalten können? Vieles, aber nicht alles. Sie darf vor allem nicht einseitig sein. Wenn einer ständig gibt und der andere ständig nimmt, hat das keine gemeinsame Zukunft. Eines gilt jedoch immer: Der beste Weg einen Freund zu gewinnen, ist selber einer zu sein.

„Ein Freund ist ein Mensch, der die Melodie deines Herzens kennt und sie dir vorspielt, wenn du sie vergessen hast."

Albert Einstein

EIN GUTER FREUND / EINE GUTE FREUNDIN

... ist ein Mensch, bei dem man sein kann, wie man ist.
... kennt Dich mit Deinen Schwächen und Vorzügen.
... vermisst Dich, wenn Du nicht da bist.
... tröstet Dich, wenn Du traurig bist.
... lacht und weint mit Dir.
... steht zu Dir.
... würde Dich nie in Geldgeschichten verwickeln.
... braucht keine Kaviarbrötchen, um beeindruckt zu sein.
... sagt auch dann, was er denkt, wenn er nicht Deiner Meinung ist, oder das Gefühl hat, dass Du etwas falsch gemacht hast. Der feine Unterschied: Er tut dies niemals im Beisein anderer und vor allem niemals in beleidigender Form.
... muss sich nicht unbedingt an Sammelgeschenken beteiligen, um Dich zu beglücken.
... gibt seinen „bad day" vor Dir zu und darf ihn auch ausleben.
... würde Dich niemals ungefragt für seine Zwecke ausnützen.
... darf auch schon mal Deine Kinder maßregeln.
... kommt auch mitten in der Nacht, wenn Du ihn bittest.
... wirbt Dir Deine Nanny oder Deine Putzfrau nicht ab.
... freut sich ehrlich über Deine Erfolge.
... kommt auch ungeladen!

Glück macht Freunde, Unglück prüft sie.

WORAUF KOMMT ES BEI EINER FREUNDSCHAFT AN?

- Vertrauen
- Zuneigung
- Gegenseitige Wertschätzung
- Neidlos sein
- Geheimnisse bewahren können
- Ehrlichkeit
- Courage
- Loyalität
- Leidenschaft
- Humor
- Verzeihen können
- Die Wahrheit sagen

- Mit Kritik umgehen können und kritisch sein dürfen – nein müssen!
- Mindestens einen gemeinsamen Vollrausch erlebt haben
- Ein paar Tage am Stück gemeinsam verbracht haben, ohne sich auf die Nerven gegangen zu sein
- Durch dick & dünn gehen
- Großzügig sein
- An Geburtstagen anrufen
- Zeitliche und räumliche Distanzen aushalten können
- Über Laster hinwegsehen können und einen dabei unterstützen, wenn man sie loswerden möchte

FREUNDSCHAFTEN STILVOLL PFLEGEN

- „Familienessen": regelmäßige Einladungen nach Hause
- Tipps weitergeben: Ich habe gehört, da gibt es ein neues Lokal, lass es uns ausprobieren. Das Buch ist toll, ich borge es Dir, …

- Handschriftliche Briefe schicken
- Kinder über das Wochenende zu sich holen – damit die Freunde einmal ausspannen können
- Patenschaften (Tauf- oder Firmpate) anbieten
- Konzert-, Opern- oder Theaterkarten besorgen
- Gemeinsam kochen
- Weekendtrips: zum Beispiel Kulturreisen unternehmen
- Gemeinsame Hobbys ausüben

DURCH DICK & DÜNN

Wer seinen Freund verletzt hat oder verletzt worden ist, der würde sicher gerne zu einer Zauberformel greifen, damit alles wieder gut ist. Die gibt es nicht, aber etwas Ähnliches: Ein Gespräch führen – ruhig, ehrlich und sofort. Nichts macht es schlimmer, als eine Aussprache hinauszuzögern und Unklarheiten nicht gleich zu klären. Wahre Freundschaften halten dies aus. Und das Schöne daran: Sie werden dadurch noch tiefer.

FILMTIPPS

Stand by Me – das Geheimnis eines Sommers, 1986
Thelma & Louise, 1991
Grüne Tomaten, 1991
Die Verurteilten, 1994
Leon – Der Profi, 1994
Der gute Will Hunting, 1997
Glauben ist alles! 2000

Balance-Akt *Liebe*

Das Höchste der Gefühle

Liebe ist wohl das schönste aller Gefühle. Liebe ist Vertrauen, Respekt, Zufriedenheit, Geborgenheit, Glück und Verlangen. Als ich meinen Mann vor über elf Jahren heiratete, hatte ich nur eine leise Ahnung davon, wie sehr sich die Liebe zwischen zwei Menschen intensivieren kann. An ein Wunder grenzt es dann, wenn man diese Liebe auch noch teilen kann und daraus die Liebe zu seinen Kindern entsteht.
Doch zu einer guten Beziehung gehört auch eine Portion Arbeit. Ein Loslassen von gewohnten Riten, um dann im Miteinander etwas Neues zu erschaffen. Dabei hilft es, wenn man sich selber nicht allzu wichtig nimmt, sich bemüht gut auszusehen, sich nicht gehen lässt, sich und seinen Partner so oft es geht überrascht: mit Blumen, einem Film, einem Song oder einem selbst fabrizierten Essen. Ob ein Dinner im Restaurant oder eine Currywurst am Würstelstand – wer sich überlegt, was dem anderen Freude bereiten würde, liegt schon richtig. Ich zum Beispiel freue mich sehr, wenn ich weiß, dass mein Mann sich für mich Zeit genommen hat und mir dann ein Gedicht schreibt. Das ist unbezahlbar!

„Einmal im Leben sollte jeder einen Liebesbrief schreiben. Auf Papier und mit Füllfederhalter."

Rosalie Tavernier

MEINE VIER ERFOLGS-GEBOTE

1. Sich nahe sein

Ich habe einen Partner gefunden, dem, genauso wie mir, Nähe und Distanz wichtig sind. Unsere Partnerschaft ist daher eine gelungene Balance dieser beiden Bedürfnisse. Das sieht dann so aus: Mein Mann ist viel auf Geschäftsreisen und verbringt oft lange Nächte in seinem Büro. Dadurch bin ich viel alleine – und zum Glück genieße ich das. Klingt komisch? Für mich nicht! Denn wenn wir uns dann wiedersehen, ist unsere Nähe so intensiv, dass sie einige Tage anhält. Ich kann also davon zehren. Und dafür bin ich sehr dankbar.

2. Respekt zeigen

Dazu gehört: die Eigenheiten des anderen zu akzeptieren. Bei Uneinigkeiten nicht laut werden, keine Dinge sagen, die einem – kaum hat man sie ausgesprochen – schon Leid tun. So oft wie nur möglich gegenseitige Anerkennung spüren lassen. Den anderen schätzen und ihm das auch zeigen. Die richtigen Fragen zum richtigen Zeitpunkt stellen. Sich selbst nicht als das Maß aller Dinge nehmen. All das zeugt von Respekt und macht eine Beziehung intensiv und schön. Mein ganz persönlicher Ausweg, wenn es mir einmal nicht gut geht: Dann denke ich ganz fest an meinen Mann und wie schön es ist, einen Menschen gefunden zu haben, den ich liebe, mit dem ich mein Leben teile, der für mich da ist und bei dem mir auch noch nach fast zwölf Jahren die Knie flattern.

3. Wirtschaftlich unabhängig sein

Erhalten Sie sich ihre Unabhängigkeit! Als Mutter von drei Jungs ist es nicht immer leicht, neben Familie und Haushalt auch noch einen Beruf auszuüben. Ich bin in der glücklichen Situation, mir meine Arbeit flexibel einteilen zu können und an keine strikten Bürozeiten gefesselt zu sein. Das erleichtert die Sache. Denn so kann ich jederzeit für die wichtigen Aufgaben in der Familie parat stehen. Und: Meine monetäre Unabhängigkeit gibt mir auch ein wenig Sicherheit. Es fühlt sich gut an, schöne Unterwäsche selbst zu kaufen oder für ein Geschenk zu sparen.

4. Gemeinsam lachen

Gemeinsam lachen schwächt die Schwächen, es verringert Probleme, es gibt Kraft und Mut. Eine Internet-Studie der BBC hat erwiesen, dass Frauen bei der Wahl ihrer Partner zuerst auf den Humor achten, dann erst auf Intelligenz und Ehrlichkeit. Bei Männern spielt Intelligenz dicht gefolgt von gutem Aussehen (überrascht?) eine wichtige Rolle und erst an dritter Stelle folgt der Humor.

WAS MEINE BEZIEHUNG BEREICHERT

Mein Mann und ich schenken uns oft Zeit. Denn Zeit ist ein Luxusgut, vor allem, weil er wenig freie Zeit zur Verfügung hat. Ein spontanes Lunch à deux ist für mich wie ein Urlaub zu zweit.

EIN GUTES GESPRÄCH FÜHREN

Wer sich ein bisschen mit Kommunikation auskennt, weiß: Unsere Sprache kann tief verletzten, abweisen und verurteilen. Was einer Beziehung daher gut tut: Das Vertrauen haben, dass man alles sagen darf. Dass man über seine Bedürfnisse sprechen und seine Gefühle zum Ausdruck bringen kann. Und dass man die Ängste und Wünsche des anderen ernst nimmt. Also ganz einfach: miteinander redet. Ein guter Tipp, der alles erleichtert: Immer in der Ich-Form sprechen, dann kommt die Botschaft nicht als Vorwurf, sondern als Wunsch an. Noch ein Tipp, diesmal in Buchform: *Gewaltfreie Kommunikation* von Marshall B. Rosenberg.

ZUHÖREN KÖNNEN

Das ist für mich das Wesentliche in einer Beziehung. Hier eine kleine Übung. Denn, wie wir wissen: Übung macht den Meister.

Setzen Sie sich gegenüber, so dass Sie Blickkontakt halten können. Stellen Sie sich einen Wecker auf zehn Minuten. Nun beginnt einer von Ihnen zu sprechen. Es ist gar nicht so wichtig, was Sie sagen. Reden Sie über das Wetter, über Ihren neuen Mantel oder über den Hund. Beschränken Sie sich zu Beginn auf einen Gedanken, formulieren Sie einen längeren oder zwei bis drei kurze Sätze. Die Aufgabe des anderen ist es nun, genau das zu wiederholen, was der erste zuvor gesagt hat. Dabei geht es nicht darum, jedes Wort nachzuplappern, sondern mit den eigenen Worten den Sinn so genau zu beschreiben wie möglich. Nach zehn Minuten wird getauscht. Sie werden es sofort spüren: Zuhören ist ein großartiges Geschenk.

WENN SCHON STREITEN – DANN RICHTIG

Ein Streit ist wie ein Gewitter: Es hat eine reinigende Wirkung. In diesem Sinne: ruhig mal streiten, aber dabei nie den Respekt verlieren. Meinen Jungs sage ich immer: nie im Groll auseinander gehen. Regelt eure Angelegenheiten und gebt euch im Frieden ein Bussi. Es funktioniert.

SICH RICHTIG TRENNEN – MIT ANSTAND

Lieber ein Ende mit Schmerzen als Schmerzen ohne Ende – so lautet meine Devise. Die Gründe einer Trennung können so vielseitig sein wie die Gründe für das Verlieben. Wichtig ist auch hier: niemals den Respekt voreinander verlieren. Absolutes No-Go: sich per SMS aus dem Staub machen.

TRAUMMANN & TRAUMFRAU

Ein bekannter Familienaufsteller hat einmal gesagt, wenn man von seinem Traummann spricht, bedeutet dies, dass dieser Mann nur im Traum existiert. Er hat eigentlich gar keine Chance, jemals wirklich gesehen zu werden, da die Maßstäbe viel zu hoch angesetzt sind. Das ist ein Thema, das bei vielen meiner Freundinnen zutrifft, die so rund um die 40 Jahre alt sind. Es sind wunderbare Frauen, hübsch, intelligent, unabhängig, aber sie finden keinen Mann. Oder: Es ist keiner gut genug für sie.

UNSER LIED

I believe I can fly, gesungen von R. Kelly

LIEBESBLUMEN

Deutschland und Österreich: Rote Rose
China: Pfingstrose
Japan: Chrysantheme
Ägypten: Lotusblüte

LINKS HALTEN

Liebesschwüre flüstert man am besten in das linke Ohr: Es ist – wie die linke Hand – mit der rechen Hirnhemisphäre verbunden. Und die wiederum ist auf die Verarbeitung emotionaler Eindrücke spezialisiert. Das heißt: Das Liebesgeflüster kommt noch besser an.

Ein Liebesschwur, den ich besonders mag: „Aber vergiss nicht, ich bin auch nur ein Mädchen, das vor einem Jungen steht und ihn bittet, es zu lieben."
Aus dem Film *Notting Hill*

„Männer & Frauen können keine Freunde sein."
Aus dem Film *Harry und Sally*

LIEBESGESCHICHTEN MIT HAPPY END

Der Hofrat Geiger, 1947
Harry und Sally, 1989
Pretty Woman, 1990
Frankie und Johnny, 1991
Schlaflos in Seattle, 1993
Was das Herz begehrt, 2003

HOCHZEITSJUBILÄEN

1 Baumwollene- oder Papierene Hochzeit
2 Lederne Hochzeit
4 Bernsteinhochzeit
5 Hölzerne Hochzeit
6 Zuckerhochzeit
7 Kupferne Hochzeit
8 Blecherne Hochzeit
9 Keramikhochzeit
10 Rosen- oder Bronzene Hochzeit
12 Erdenhochzeit
13 Spitzen- oder Salzhochzeit
14 Elfenbeinhochzeit
15 Gläserne, Kristallene oder Veilchenhochzeit
16 Saphirhochzeit
17 Orchideehochzeit
18 Türkishochzeit
20 Porzellanhochzeit
25 Silberne Hochzeit
30 Perlenhochzeit
40 Rubinhochzeit
50 Goldene Hochzeit
60 Diamantene Hochzeit
65 Eiserne Hochzeit

„Einmal im Leben sollte jeder eine Dummheit aus Liebe begehen.“

Rosalie Tavernier

MEINE 10 LIEBSTEN LOVESONGS:

1. *Just the way you are*, gesungen von Billy Joel
2. *Have I told you lately that I love you*, gesungen von Rod Stewart
3. *Sunny*, gesungen von Jose Feliciano
4. *Never Never Never*, gesungen von Shirley Bassey
5. *Can't take my eyes off you*, gesungen von Heath Ledger
6. *Ain't no sunshine*, gesungen von Bill Withers
7. *Something*, gesungen von den Beatles
8. *With or Without you*, gesungen von U2
9. *I will always love you*, gesungen von Whitney Houston
10. *Let's stay together*, gesungen von Al Green

10 FILME ZUM VERLIEBEN

1. *Der englische Patient*, 1996
2. *Mondsüchtig*, 1987
3. *Jules und Jim*, 1962
4. *Cinema Paradiso*, 1988
5. *Die Liebenden vom Pont Neuf*, 1991
6. *Breaking the Waves*, 1996
7. *Hallo, Mr. President*, 1995
8. *Die Legende von Paul und Paula*, 1973
9. *Frühstück bei Tiffany*, 1961
10. *Bodyguard*, 1992

DIE GRÖSSTEN FILMISCHEN TRENNUNGEN:

- *Casablanca* – Humphrey Bogart lässt Ingrid Bergmann mit einem anderen davonziehen.
- *Vom Winde verweht* – Clark Gable lässt Vivien Leigh im Stich.
- *Love Story* – Ali MacGraw stirbt an Krebs.

- *Lichter der Großstadt* – Charles Chaplin wird stehen gelassen.
- *So wie wir waren* – Robert Redford und Barbra Streisand gehen getrennte Wege.
- *Ein Herz und eine Krone* – Audrey Hepburn verzichtet aus Staatsräson auf Gregory Peck.
- *Doktor Schiwago* – Omar Sharif stirbt an gebrochenem Herzen.

EROTIK À LA CARTE

„The way to a man's heart is through his stomach." Mit viel Gefühl geht man an eine Beziehung heran, handelt aus dem Bauch heraus. Mit Verstand ist da rein gar nichts zu machen. Wie wäre es daher, schon beim ersten Dinner mit einer bewussten Auswahl an Zutaten Leidenschaft zu zeigen. Hier ein paar Anregungen:

Spargel oder Granatapfel regen schon durch ihr Aussehen die Fantasie an.

Austern, Chili, Kaffee und Schokolade wirken aphrodisierend.

Muskatnuss, Zimt, Ingwer sowie Sellerie und Petersilie regen den Blutkreislauf an.

AMORE AL DENTE

Rose Marie Donhauser hat mit *Amore al dente – Eine Liebe in Rezepten* ein außergewöhnliches Kochbuch zusammengestellt. Neben der Liebesgeschichte zwischen Giovanni und Francesca finden sich anregende Gerichte aus der klassischen italienischen Küche. Die erste Nacht wird mit Seezunge mit Granatäpfeln besiegelt. Verführerische Nachspeisen wie

Schokoladefeigen oder gratinierte Mandelpfirsiche versüßen ihre gemeinsamen Stunden. Ein Buch, das alle Sinne anregt!

Tipp

Ein Städtetrip übers Weekend bewirkt manchmal Wunder. Manchmal reicht es auch schon, zu zweit in einem romantischen Hotel unterzutauchen.

Hauptsache: Man stiehlt sich ein bisschen Zeit und verbringt sie miteinander.

Taktgeber
Herzenswärme

Der Schlüssel, um sich nahe zu sein

Wir leben in einer hektischen Welt. Jeder verfolgt sein Ziel, rennt von A nach B, ohne nach links und rechts zu schauen. Zeit für persönliche Kontakte, für wahre Werte – wer hat die noch? Das Echte, das Wahre im Leben kommt zu kurz, bleibt auf der Strecke. Oftmals tappen wir in soziale Fallen, lassen uns von „Freunden“ übervorteilen, begegnen Blendern und Tunichtguten, die sich im Windschatten unseres Tuns sonnen. Gut, dass es dann auch wieder Menschen gibt, die echte Gefühle zeigen und echte Gefühle in mir wecken können. Ich habe gelernt, die Blender zu erkennen und andere Menschen an mich heran zu lassen. Ich habe auch gelernt, nie die Kraft und die Wärme zu verlieren, die es für sich selber und andere braucht. Genauso wie wahre Werte zu schätzen und sie nicht aus den Augen zu lassen. Was ist schon eine neue Tasche im Vergleich zu einem tiefen Gespräch mit einem Freund, der genau jetzt dieses Gespräch braucht. Was ein Ausflug auf Mailands Shopping-Meile im Vergleich zu einem Nachmittag mit dem Bauern auf seiner Alm? Ich verurteile weder das eine noch hebe ich das andere in den Himmel, aber: Ich achte darauf, nie den Fokus auf das Wichtige im Leben zu verlieren. Und das sind die Menschen, denen wir begegnen. Sie wahrzunehmen, sie zu spüren – darauf kommt es mir an. Die Sinne zu schärfen, wenn man gebraucht wird. Zu geben und auch zu nehmen, wenn es nötig ist. Um das zu bewerkstelligen, gibt es ein einfaches Rezept: Herzenswärme. Denn sie macht nicht nur das Gegenüber glücklich, sie macht mich selbst glücklich.

NÄHE SPÜREN

- In guten wie in schlechten Zeiten. Das gilt nicht nur für Paare, die ein Ehegelöbnis abgelegt haben. Das sollte man auch unter Freunden wörtlich nehmen.
- Ein paar handgeschriebene Zeilen – ein paar persönliche Gedanken. Und dann ab die Post. Oder den Boten losschicken.
- Zuhören – die einfachste Sache der Welt. Und gleichzeitig eines der größten Geschenke.
- Etwas von seiner kostbaren Zeit verschenken.
- Lachen bis die Tränen kullern.
- Freude mit seinen Freunden teilen. Dann wird sie doppelt so schön.
- Den anderen umarmen. Genau dann, wenn er es braucht.
- Die Hand des Partners während eines Spaziergangs spüren.
- Anrufen und hallo sagen, einfach weil man gerade an diesen einen Menschen gedacht hat.
- Spontan seine Hilfe anbieten.
- Einen Kuchen backen und ihn gemeinsam mit Freunden verzehren.
- Auf einer duftenden Blumenwiese liegen und gemeinsam in den Tag hinein träumen.

Der Schlüssel zum Herzen ist die Liebe. Eine Liebeserklärung zu machen ist eine der schönsten Dinge im Leben. Es muss ja nicht bei einer bleiben.

Questionnaire

Es gibt Fragen, die einem dabei helfen, mehr über sich zu erfahren, zu verstehen, was für ein Mensch man ist, wie man gestrickt ist, worauf man Wert legt. Voraussetzung: Man muss die Fragen ehrlich beantworten. Hier sind einige davon.

- An wen ging Ihr letztes SMS?

- Wenn Sie den Wunsch offen hätten sich eine Reisedestination auszuwählen, wohin würden Sie fahren?

- Sind Sie ein Morgen- oder Abendmensch?

- Wünschen Sie sich etwas bei Sternschnuppen?

- Was ist Ihre Lieblingsjahreszeit?

- Was ist Ihre Eissorte: Schokolade oder Vanille?

- Was ist unter Ihrem Bett?

- Haben Sie ein Lieblingskleidungsstück?

- Welche Charaktereigenschaft verachten Sie?

- Können Sie sich mit nur fünf Eigenschaftswörtern beschreiben?

❧ Was hat ihren Geist zuletzt bereichert?

❧ Trinken Sie lieber Tee oder Kaffee?

❧ Wegen wem oder was haben Sie zuletzt einen Lachanfall bekommen?

❧ Stehen Sie lieber vor oder hinter der Kamera?

❧ Wann haben Sie zuletzt unter freiem Himmel geschlafen?

❧ Der letzte Gedanke vor dem Einschlafen?

❧ Wo waren Sie am 11. September 2001?

❧ Oscar Wilde sagte: „Die erste Pflicht im Leben ist es, eine Haltung einzunehmen." Was ist Ihre „zweite" Pflicht im Leben?

❧ Was fürchten Sie mehr: Das Urteil von einem Freund oder das Urteil von Feinden?

❧ Was kostet ein Liter Milch?

❧ Kennen Sie die sieben Weltwunder der Antike?

❧ Können Sie vervollständigen: „Wer reitet so spät durch Nacht und Wind? Es ist …?

❧ Was ist für Sie die schönste Nebensache der Welt?

Meine „So-rapple-ich-mich-auf"-Tipps:

Wenn es manchmal nicht so läuft, wie es sollte, dann ...

... setzte ich mich, unentspannt wie ich gerade bin, auf das Sofa und atme einige Male tief durch. Dann lasse ich Bilder von schönen Erlebnissen auftauchen und hole mir die Glücksmomente in meinem Leben zu mir zurück. Zusammen mit einer großen Portion Zufriedenheit.

... muss ich raus in die Natur! Ein langer Spaziergang macht den Kopf frei und kann Berge versetzen.

... bete ich. Ich vertraue Gott. Ein Besuch in der nächstgelegenen Kirche, um ein Kerze anzuzünden und einen Moment inne zu halten – das hat mir schon oft viel Kraft geschenkt.

... suche ich das Lachen meiner Kinder. Sehe ich ihre lachenden Gesichter, geht es mir sofort besser.

... rufe ich meine Schwestern und Freundinnen an. Allein ihre Stimmen machen mich schon wieder fröhlich.

... geht es ab ins Freie, wo ich alles Aufgestaute hinausschreie. Das befreit!

... gönne ich mir ein gutes Glas Rotwein, und zwar im Pyjama und gleich beim Küchentisch. Das macht angenehm müde und lässt mich so manchen Kummer vergessen.

... esse ich bei „Roberto" eine seiner selbst gemachten Pizzas.

... drehe ich die Musik laut auf und tanze bis zum Umfallen. Meine Kids machen da auch gerne mit.

... möchte ich es ab und zu wie Jeanna, unsere großartige Klavierlehrerin, machen: Sie singt lauthals, während sie Romanzen am Klavier spielt und dazu einen Schluck Wodka nimmt.

... tauche ich unter. Nehme ein langes, heißes Schaumbad, umgeben von vielen Duftkerzen.

... wenn gar nichts nützt, weine ich mich aus, bis es mir wieder besser geht.

Multi-Talente

Kinder

Und wie man sie bändigt

Kinder zu haben empfinde ich nicht als Selbstverständlichkeit, sondern als großes Geschenk. In den Kindern entdeckt man sich und sein eigenes Leben noch einmal. Ich sehe in meinen Jungs oft meine Schwächen, aber die Stärken meines Mannes. So schmunzle ich immer wieder, wenn ich sie dabei ertappe, Dinge genau so zu machen wie mein Mann es tut. Schon beim Zähneputzen so zu stehen wie er: Mit der rechten Hand aufs Waschbecken gestützt, mit der linken die Zahnbürste führend und dabei coole Blicke in den Spiegel werfend. Jedoch – die Augenbraue hochziehen – das müssen sie noch üben. Was sie allerdings bis zur Perfektion beherrschen, ist, den unwiderstehlichen „Blaue-Augen-Treichl-Blick" aufzusetzen und mich damit um den Finger zu wickeln.
Kinder zu haben macht Spaß. Kinder zu erziehen macht Freude. Doch Kinderspiel ist es keines. Vor allem dann nicht, wenn sie einen mit Haut und Haar verschlingen, alles von einem fordern, egal ob bei Tag oder Nacht. Sie können egoistisch und laut sein und wenn sie verletzten wollen, dann trifft es einen mitten ins Herz. Und trotzdem machen sie mein Leben sinnvoll und fröhlich. Ihr Lachen ist ansteckend und ihre Liebe so echt und wunderschön. Es ist ein Vergnügen ihnen beim Erwachsenwerden zuzusehen. Durch meine Jungs habe ich gelernt bewusster und intensiver zu leben. Die Zeit mit ihnen zu nützen und sie zu schätzen. Wenn die nächsten zehn Jahre so werden wie die ersten zehn, dann bin ich die glücklichste Mutter der Welt.

WAS KINDER BEI MIR DÜRFEN

- Am Wochenende länger aufbleiben und am nächsten Tag ausschlafen.
- Pizza und Würstchen mit den Händen essen.

- Auf ihren iPod die Musik laden, die ihnen gefällt.
- Mitspracherecht bei Kleidung haben.
- Bei Scrabble auch mal schummeln.
- Stundenlang selbst erfundene Witze aufsagen.
- Sich die Haare wachsen lassen.
- Nach einem langen Ausflug, wenn sie spät zu Bett gehen, auch mal nicht die Zähne putzen.
- Fußball- oder sonstige Sportkarten sammeln.
- Hie und da einen blöden Comic lesen.
- Musik so laut aufdrehen, dass es wackelt.
- Die Badewanne so voll füllen, dass der Badeschaum etwas überläuft.
- Spontan Freunde zum Lunch mitbringen.
- Ab und zu im Supermarkt etwas „Kleines" aussuchen.
- Vom Park verdreckt nach Hause kommen.

Solange die Kinder klein sind, gib ihnen Wurzeln. Sind sie älter geworden, gib ihnen Flügel.

WAS KINDER BEI MIR NICHT DÜRFEN

- Unfair sein.
- Rülpsen & furzen (ist nur auf der Alm und in der Natur erlaubt!).
- Jeden Tag Fernsehschauen.
- Coca Cola trinken.
- Zwischen den Mahlzeiten Süßes schnabulieren.
- Nägel kauen. Bin leider nur bei zwei Jungs erfolgreich.
- Kaugummi schlucken.
- „Mir ist sooo langweilig" sagen, denn nur Menschen, die ihre Fantasie nicht ankurbeln, ist fad.
- Videospiele spielen, die nicht für ihr Alter genehmigt sind.
- Handy (gibt es ab 10 Jahren) auf dem Tisch liegen lassen, wenn wir Essen.
- Mit moosbegrünten Zähnen beim Frühstück sitzen.
- Angeben und protzen.
- Andere schlagen.

WAS KINDER BEI MIR SOLLEN

- Grüßen.
- Sich bedanken.
- Die Wahrheit sagen.
- Laut brüllen dürfen.
- Zuhören können.
- Erkennen, wenn jemand Hilfe braucht.
- Sich ausweinen.
- Viel frische Luft tanken.
- Sich bewegen: Ob Tennis, Fußball im Park oder Judo – eine Stunde täglich ist das Minimum.

- Täglich ein Stück Obst essen.
- Vor dem Essen Hände waschen.
- Bei Essen mit Opapi unbedingt ein Poloshirt mit Kragen oder ein Hemd tragen.

- Beim Essen die Ellenbogen vom Tisch nehmen.
- Erst mit dem Essen beginnen, wenn sich jeder seine Portion genommen hat. Und erst vom Tisch aufstehen, wenn alle fertig gegessen haben.
- Klassische Musik hören und ein Instrument spielen lernen (bei uns ist es das Klavier).
- Unaufgefordert teilen.
- Fremdsprachen lernen.
- Hausaufgaben vor dem Spielen machen.
- Spielzimmer vor dem Schlafengehen aufräumen.
- Abends ein kleines Dankgebet aufsagen.
- Während der Schulzeit regelmäßig zur selben Zeit zu Bett gehen.
- Nicht im Streit oder gar beleidigt einschlafen.
- Den Klodeckel schließen.
- Gut riechen und auf ihren Körperduft achten – besonders, wenn die Füße lange in Turnschuhen stecken.

- Mich zu jeder Tages und Nachtzeit anrufen können.
- Mami und Papi zu uns sagen.
- Damen und Mädchen den Vortritt lassen.
- Beim Zähneputzen den Becher benutzen, um Wasser zu sparen.

- Papier und Plastik in getrennte Mülleimer werfen.
- Nicht mit Lebensmitteln spielen.
- Freunde bis zum Aufzug begleiten.
- Sich nicht so benehmen, als wären sie die einzigen Menschen auf der Welt.

WAS ICH NIEMALS BEI MEINEN KINDERN MACHE

- Mich in deren Streitigkeiten einmischen.
- Ungefragt ins Badezimmer eintreten.
- Sie zwingen aufzuessen. Sie müssen lernen, sich so viel zu nehmen, wie sie auch essen können.
- Sie zwingen Bundfaltenhosen zu tragen.
- Sie auffordern Bücher meiner Wahl zu lesen.
- Sie mit anderen Kindern vergleichen.

WAS ICH IMMER BEI MEINEN KINDERN MACHE

- Verantwortung übertragen: Ich habe bei meinen Jungs gelernt, wenn ich ihnen dem Alter entsprechend Verantwortung übergebe, dann stärkt das ihr Selbstbewusstsein.
- Sie knuddeln. Wenn auch nur ganz geheim, ohne Publikum und nur im Schlafzimmer.
- Sie loben, loben, loben.
- Ihnen helfen.
- Ihnen viel Freiraum lassen.
- Vor dem Einschlafen ein Kreuzchen auf die Stirn zeichnen.

COOLE KLEIDUNG

Kinder versuchen, durch Kleidung Anschluss an eine soziale Bezugsgruppe zu finden. Kleidung sollte bequem sein und „cool" aussehen.

Baby

Komfort: Achten Sie auf Bequemlichkeit.

Kleinkind

Selbstbehauptung: Das Anziehen sollte in dem Alter ein Erfolgserlebnis sein. Die Sachen sollten so konzipiert sein, dass das Kind sie selbst an- und ausziehen kann. Achten Sie auf Klettverschlüsse, weite Krägen, ...

Kindergartenkind

Experimentieren: Anders und sie selbst sein lassen ist die Devise. Das Superheld-T-Shirt wird zum heimlichen Verbündeten.

Schulkind

Identität: Vereinstrikots und dazugehörige Baseballmützen helfen dabei.

Teenager

Unabhängigkeit: Eltern aufgepasst – Hände weg vom Kleiderschrank!

Wenn Kinder Designerkleidung tragen, ist das so, wie wenn Erwachsene Kinder-T-Shirts tragen: Nur wenige sehen darin gut aus.

Glücksgriff *Nanny*

Mary Poppins des 21. Jahrhunderts

Die richtige Nanny zu finden ist wie einen doppelten Jackpot zu knacken: schwierig. Eigentlich: sehr schwierig. Oder ehrlich gesagt: fast unmöglich. Ich habe es bisher immer geschafft. Wie? Zufall, purer Zufall. Und: die Freundin einer Freundin und deren ... Sie wissen schon.
Jola – meine jetzige „Dompteurin", wie ich sie liebevoll nenne – habe ich fest ins Herz geschlossen. Manchmal ist sie mein „viertes" Kind, manchmal eine gute Freundin. Wir feiern Geburtstage, essen gemeinsam und verreisen auch gemeinsam. Jola gehört zur Familie. Ihre Meinung über Verhalten und Werdegang meiner Kinder ist sehr wertvoll für mich. Genauso wie ihre Loyalität unserer Familie gegenüber. Schließlich trägt sie Verantwortung für das Wichtigste in meinem Leben: meine Jungs. Dass Jola den Ernst ihrer Aufgabe erkennt und Freude an unserem Familienleben hat, liegt mir sehr am Herzen. Und noch eines: Ich achte sehr darauf, dass meine Kindermädchen nie ihr Studium vernachlässigen oder die eigene Ausbildung aus den Augen verlieren. Es soll ein beiderseitiges Geben und Nehmen sein. Mit einem Wort: ein großer Glücksfall.

WAS (M)EINE NANNY ALLES KANN:

- Sie kann uns dabei unterstützen, die Balance in der Familie zu bewahren oder diese wieder herzustellen.
- Sie ermöglicht mir meinem Beruf nachzugehen.
- Sie gibt mir und den Jungs Freiraum – so kleben wir nicht ständig aufeinander, ersparen uns Reibereien und den berühmten Lagerkoller.

„In Afrika braucht es ein ganzes Dorf, um ein Kind zu erziehen, auf der Upper East Side ist es die Nanny.“

Aus dem Film *The Nanny Diaries*

NANNYS IM EINSATZ

Die „Gute-Nacht“-Nannys: Mädchen oder Burschen, die meist abends auf die Kinder aufpassen.

Die „Wellness“-Nannys: Sie helfen nachmittags unter der Woche aus.

Die „Ich-Zeit“-Nannys: Kindermädchen, die rund um die Uhr da sind.

Das Nanny-Sharing: Wenn die Kinder schon älter sind, kann man sich mit ein, zwei Freundinnen ein Kindermädchen teilen.

ZUVIEL DES GUTEN

Daran merken Sie, ob Ihr Kind zuviel Zeit mit seinem Kindermädchen verbringt:

- Ihr Sprössling verletzt sich und läuft zur Nanny anstatt zu Ihnen.
- Wenn die Visitenkarte des Vaters zur Schmusedecke avanciert, weil er so lange nicht da ist.
- Ihr Kindermädchen kennt den Stundenplan Ihrer Kinder in- und auswendig – während Sie noch immer nicht wissen, wann die Klavierlehrerin kommt.
- Ihr Kind weiß den Geburtstag der Nanny im Schlaf, Ihren aber nicht.
- Ihr Kind liegt im Fieberwahn und ruft nach der Nanny.

WAS EINE NANNY KÖNNEN MUSS – AUS DER SICHT MEINER KINDER:

- Sich mit Kinderspielsachen auskennen.
- Schlau sein, um die Hausaufgaben lösen zu können.
- Eine angenehme Stimme haben, um gut vorlesen zu können.
- Schokomuffins machen können.
- Kein Make-up tragen & guuuuut riechen.
- Starke Nerven besitzen.
- Großen Humor beweisen – oder so tun als ob – besonders bei Blondinen-Witzen.
- Geheimnisse ja nicht weitertratschen (Schon gar nicht den Eltern).
- Sportlich sein und – wenn irgendwie möglich – sich in der Fußballliga auskennen.

NANNYS IM FILM:

Mary Poppins, mit Julie Andrews, 1964
Mrs. Doubtfire – Das stachelige Kindermädchen, mit Robin Williams und Sally Field, 1993
Eine zauberhafte Nanny, mit Colin Firth und Emma Thompson, 2005
The Nanny Diaries, mit Scarlett Johansson, 2007

DIE ERSTE NANNY?

Hier einige Tipps, worauf Sie beim Einstellungsgespräch achten sollten.

- Der erste Eindruck: Ist sie Ihnen und den Kids sympathisch?
- Bauchgefühl: Bei mir ist es immer der Bauch, der sich meldet, wenn etwas nicht passt.
- Achten Sie auf ihre Fragen: Sind Geld- & Freizeitfragen die lautesten und Kindervorlieben die leisesten, dann Vorsicht.
- Beobachten Sie Ihre Kinder: Deren Meinung ist sehr wichtig.
- Wie schaut es mit Alkohol aus? Ich habe nichts gegen ein Glas Wein hie und da oder ein kühles Bier im Sommer. Doch einmal hatte ich ein Kindermädchen, das ständig über Bauchschmerzen klagte. Als deswegen einmal der Notarzt kommen musste, war die nüchterne Diagnose: Alkohol. Später fand ich in ihren Sachen viele leere Schnapsflaschen. Eine schreckliche Erfahrung.

WAS EINE NANNY KÖNNEN MUSS – AUS MEINER SICHT:

- Die Verlässlichkeit in Person sein.
- Pünktlich wie die Uhr sein.
- Liebevoll sein.
- Spontan sein.
- Motiviert sein.
- Diskret sein.
- Mobil sein, und ein Automobil verantwortungsvoll lenken können.
- Einen Geschirrspüler und eine Waschmaschine anwerfen können.

Buchtipp:

Nanny Matilda von Christianna Brand

Die Kinder der Familie Brown sind so frech, dass die Gouvernanten, Kindermädchen und Nannys in Scharen ihre Kündigung einreichen. Höchste Zeit für Nanny Matilda, mit ihrer besonderen Art der Magie ein bisschen nach dem Rechten zu sehen und den Kindern einige Lektionen in Sachen gutes Benehmen zu erteilen.

In Geberlaune: *Trinkgeld*

Auf's Wie kommt es an

2
DO NOT DISTURB

Manche Dinge lernt man einfach „the hard way". Mein Mann hatte geschäftlich in Barcelona zu tun und ich begleitete ihn. Das Hotel, in dem wir logierten, lag direkt am Meer, die Sonne schien, das Leben auf der Straße pulsierte – großartig. Jetzt fehlte nur noch ein Cappuccino, dachte ich mir, bestellte ihn gleich auf mein Zimmer und sprang unter die Dusche, um mich für den Abend frisch zu machen. Gut gelaunt und splitterfasernackt kam ich aus dem Bad. Der Cappuccino stand schon da. Und neben ihm – der Roomservice. Er wartete. Wer weiß wie lange schon. Und vor allem worauf? Um das Zimmer in Nullkommanichts zu durchqueren und so in die Nähe meines Koffers zu gelangen, hätte ich einen Crash-Kurs bei Stuntman Jackie Chan nehmen müssen. Dafür war es jetzt zu spät. Ich griff zu einem Polster und versteckte mich dahinter. Der Kellner schenkte mir ein Lächeln. Und seine Zeit. Er wartete noch immer. Plötzlich war mir alles klar: Sein Trinkgeld, natürlich!

Die Moral von der Geschichte: Den Tip gut sichtbar deponieren (natürlich vor dem Duschen!). Der Kellner kommt, nimmt und geht, der Cappuccino bleibt und niemand blamiert sich.

STIMMT SO!

Ganze Diplomarbeiten könnte man über das Geben von Trinkgeldern schreiben. Wieso erhält das Zimmermädchen eines und der Steward im Flugzeug nicht? Wann ist es eine Beleidigung und wo ein Muss? Und wie findet man die adäquate Höhe heraus, ohne knauserig oder schlecht informiert zu wirken? Hat man das dann endlich alles geklärt, kommt es immer noch auf die Art und Weise an, wie man das Trinkgeld übergibt. Dabei möchte man doch nur seine Anerkennung für einen guten Service ausdrücken.

DOs

- Sie wissen nicht, wie viel üblich ist? Fragen Sie einfach im Voraus!
- Geben Sie den Tip diskret, ohne großen Aufwand zu machen – das wirkt sonst unelegant.
- Die „Geldübergabe" alleine ist es nicht. Bedanken Sie sich auch für den guten Service.
- Geben Sie bei Bezahlung mit Kreditkarte das Trinkgeld extra, damit es durch die Provision der Kreditkartengesellschaft nicht geschmälert wird.
- Nehmen Sie sich Zeit: Verlangen Sie die Rechnung, überlegen Sie, wie viel Trinkgeld Sie geben möchten und bitten Sie dann den Kellner noch einmal an Ihren Tisch.

- Etikette hin oder her – unfreundliches Personal bekommt von mir kein Trinkgeld.
- Sind Sie über das Wochenende in ein Privathaus eingeladen, gehört es zum guten Ton, im Badezimmer oder auf dem Nachtkästchen einen Obolus für das Zimmermädchen zu hinterlegen.
- Wählen Sie in Zweifelsfällen – wenn sich jemand durch ein Trinkgeld beleidigt fühlen könnte – lieber eine kleine Aufmerksamkeit als Dankeschön.
- Sind Sie bei Freunden zu Gast und die Kinder helfen nach dem Abendessen beim Abservieren, wählen Sie den Tip mit Bedacht – aber fragen Sie vorher die Eltern.
- Bedanken Sie sich bei Personen, die das ganze Jahr über Leistungen für Sie erbracht haben, wie Briefträger, Zeitungszusteller, Rauchfangkehrer, mit einem Weihnachtstrinkgeld.

DON'Ts

- Lassen Sie sich das Trinkgeld niemals quittieren.
- Statt nur ein paar Cent zu geben, weil der Service nicht Ihren Ansprüchen gerecht wurde, verzichten Sie besser ganz auf Trinkgeld.
- Eine alte Regel sagt: Chef oder Chefin bekommen kein Trinkgeld. Stattdessen können Sie sich ja mit einer kleinen Aufmerksamkeit revanchieren.
- Vergessen Sie Pi-mal-Daumen: In Restaurants gilt die Regel, fünf bis zehn Prozent der Rechnungssumme als Trinkgeld zu geben.

TRINKGELD IN ÖSTERREICH UND DEUTSCHLAND

Bei uns sind 10 Prozent oder die nächste runde Summe üblich. Ich mache es vom Verhalten des Kellners oder der Kellnerin abhängig. Und von meiner Bestellung: Bei Getränken, deren Zubereitung nicht mit Aufwand verbunden ist, gebe ich wenig Trinkgeld. Bei allem, was in der Küche gezaubert wird, mehr. Ist ein Kellner zuvorkommend, hat er sich sein Trinkgeld verdient. Ist er unachtsam und gleichgültig, bekommt er keinen Cent.

BESSER ALS BARES

Gutschein für Lebensmittel
Abo für die Lieblingszeitschrift
Jahresmitgliedschaft in einem Club – zum Beispiel: Bowling, Tennis, etc.
Wellness-Gutschein
Opernkarten, Theaterkarten

TIPP FÜR DEN TIP

Der Chef de Cuisine und sein Team sehen meistens so gut wie nichts von der Anerkennung durch den Gast. Eine schöne Geste ist, die Küchenmannschaft auf einen Drink einzuladen, als Dankeschön, wenn es besonders gut gemundet hat.

„Sind Trinkgelder an Bord erlaubt?“ – „Gewiss, mein Herr.“ – „Haben Sie zwei Fünfer?“ – „Ja, mein Herr.“ – „Dann haben Sie die 10 Cent nicht nötig, die ich Ihnen geben wollte.“

Groucho Marx
im Film *Skandal in der Oper*

IN BUCH & FILM:

- *2 Millionen $ Trinkgeld* – Nicolas Cage im Clinch mit Bridget Fonda
- *Der Rest ist für Sie* – Eine kleine Geschichte des Trinkgeldes von Winfried Speitkamp
- *Lucky Quater* – Eine Kurzgeschichte von Stephen King
- *Trinkgeld vom Schicksal* – Eine Geschichte von Selim Özdogan

„Sie können keine guten Leistungen erwarten, wenn Sie sich beim Trinkgeld nicht großzügig zeigen."

Emily Post

COMME IL FAULT – WIE ES SICH GEHÖRT

Andere Länder, andere Sitten. Eine der Überlebensstrategien: Mit 10 Prozent Trinkgeld ist man in fast allen Ländern auf der sicheren Seite. Ausgenommen Korea, da gilt Trinkgeld als unehrenhaft. In China und Japan gilt es fernab internationaler Hotels als Beleidigung, doch langsam weichen sich die Bräuche auch dort auf. Wer hingegen nach Südafrika fährt, kann damit rechnen, dass der Kellner ihm klipp und klar sagt, wenn das Trinkgeld zu niedrig ausgefallen ist. Das Serviceteam ist

TRINKGELD FÜR KOSMOPOLITEN

Tip – englisch
Schmattes – österreichisch
Le pourboire – französisch
Bakschisch – türkisch
Mancia – italienisch

nicht angestellt, lebt also nur vom Tip. Anders wieder in den USA: „Tipping in advance" wird dort dazu genutzt, einen guten Platz in einem feinen Restaurant zu ergattern. Wie man einen Geldschein am besten faltet, um ihn beim Händeschütteln unauffällig zu übergeben, kann man mittlerweile in zahlreichen Büchern nachlesen.

OLD SCHOOL

Ist man in ein Haus eingeladen, in dem Personal beschäftigt ist, gehört es zu den Pflichten des Gastes, Trinkgeld zu geben. Und das geht so: Meist steht im Vorzimmer eine Schale, in die umsichtige Gastgeber bereits einen Geldschein als „Lockvogel" hineingelegt haben. So erkennt jeder ihre Bestimmung und muss nicht lange rätseln. Gibt es keine Schale, drücken Sie den Bediensteten ein angemessenes Trinkgeld beim Verlassen des Hauses in die Hand.

Die neuen *Artgenossen*

Wie man Kunstverständnis erwirbt

Kunst zu verstehen erfordert viel Zeit, hohes Interesse und auch Begabung. Nur wenige Menschen haben das Glück, diese drei Dinge zu vereinen. Ich habe zwar hohes Interesse, aber bei den beiden anderen könnte es eine Portion mehr davon schon gut gebrauchen. Das kontroversiellste Gebiet ist wohl die bildende Kunst, im Vergleich zu Musik ein Jahrmarkt der Eitelkeiten, was wohl auch damit zu tun hat, dass man sich musikalische Erlebnisse nicht im Wohnzimmer aufhängen kann.
Die Geschichte und Entwicklung der bildenden Kunst ist so unfassbar breit, dass es nur wenigen Menschen beschieden ist, sich eine umfangreiche Allgemeinbildung darüber zu erwerben. Ich hatte das Glück schon von Kindheit an mit Gemälden und Skulpturen aufzuwachsen und von meinen Eltern zu den Geburtsstätten europäischer Kunst, in Museen und Galerien mitgenommen zu werden. Ich habe daher, so hoffe ich, ein recht gutes Gefühl dafür, wie weit mein Kunstverständnis reicht, wo ich mitreden kann und wo ich besser schweigen soll. Und da sind wir auch schon beim wichtigsten Grundsatz für den Umgang mit Kunst im gesellschaftlichen Leben. Es ist ein Gebot der Bescheidenheit, nicht über Angelegenheiten zu reden, von denen man wenig versteht. Ehrlichkeit ist ein Zeichen von Selbstsicherheit, Protzerei hingegen ein Zeichen der Unsicherheit. Und unter uns: Ein bisschen Bluffen ist vollkommen in Ordnung.

Bildende Kunst

Keine Angst vor Berührungen

Es ist ein großes Vergnügen, durch Kunst Stil zu zeigen. Nicht nur, weil sie zur Allgemeinbildung gehört, sondern weil sie glücklich macht. Museen, Ausstellungen oder Galerien zu besuchen erweitert die Sichtweise, hilft Brücken zu bauen und schärft den Blick über den berühmten Tellerrand hinweg. Bildende Kunst kann ihrem Betrachter oder gar Besitzer sogar ein Gefühl von Heimat vermitteln. Mir ging es jedenfalls so, als ich Mitte der 80er Jahre als frisch gebackene Redakteurin von Wien nach München zog, in meinem Gepäck ein Ölbild. Ein Erbstück meiner Eltern – ein entzückendes Porträt meiner Urgroßmutter, die eine Rose in der Hand hält. Dieses Bild begleitete mich auch wieder auf meinem Heimweg von München nach Wien und von da in all meine Wohnungen. Jetzt hängt es in unserer Küche. Das Schöne an dem Gemälde ist: Jedes Mal, wenn ich es bewusst betrachte, denke ich an meine Kindheit. In Windeseile tauchen Bilder vor meinen Augen auf, die mich fröhlich stimmen.

Egal, um welches Kunstwerk es sich dreht, jedes hat eine Geschichte. Entweder von dem, der es erstellt hat, oder von dem, der es ersteht. Diese Geschichten sind es, die der Kunst anhaften und die es so begehrenswert machen, sich mit ihr zu umgeben.

AUF IN DIE GALERIE

Gemälde oder andere Kunstwerke zu betrachten erfordert keinen Mut. Eher ein bisschen Übung, sich mit dem Werk des Künstlers auseinander zu setzen. Mein Tipp: Gehen Sie mit einem Freund oder einer Freundin in eine Ausstellung. Suchen Sie sich ein Bild aus und beginnen Sie es sich gegenseitig zu beschreiben. Der Effekt lässt nicht lange auf sich warten: Schon nach kurzer Zeit entsteht eine Beziehung zu dem Bild, Sie lesen Geschichten heraus, die etwas mit Ihnen oder Ihrer Sichtweise zu tun haben. Vielleicht werden Sie davon berührt, vielleicht erstaunt oder verschreckt es Sie. Nützen Sie auch Ihre Reisen in andere Länder, um Kunstwerke und Museen zu besichtigen. Die Sprache der Kunst ist international, sie kennt keine Grenzen.

„Jeder Mensch ist ein Künstler."

Joseph Beuys

RICHTIG ODER FALSCH

Was tun, wenn mir ein Bild, eine Skulptur oder eine Installation so gar nicht zusagt? Darf ich es sagen – oder nur denken?

„Kann man seine Meinung argumentieren, dann spricht nichts dagegen. In der Kunst gibt es glücklicherweise kein Richtig oder Falsch. Wovor dem einen graut, ist einem anderen möglicherweise Millionen wert. Um den richtigen Ton zu treffen, sollte zuerst festgestellt werden, ob einem der Künstler selbst oder lediglich ein anderer Kunstliebhaber gegenübersteht."

Agnes Husslein-Arco, Direktorin des Belvedere, Wien

MEINE LIEBLINGSMALER

Edward Hopper
Alex Katz
Peter Kogler
Pict Mondrian
Sonia Delaunay
Gerhard Richter
Lucien Freud
Andy Warhol
Leonardo Da Vinci

FOTOKÜNSTLER, DEREN ARBEIT MIR UNTER DIE HAUT GEHT

Robert Frank
Irving Penn
Diane Arbus
Robert Mapplethorpe
Andreas Gursky

BILDER, HINTER DENEN ICH HER WAR (NUR UM SIE ZU SEHEN!)

- *Les Demoiselles d'Avignon* von Pablo Picasso im Museum of Modern Art, New York
- *Widderkopf* von Georgia O'Keeffe im Georgia O'Keeffe Museum in Santa Fe. Ihre Blumenbilder hatten es mir auch angetan.
- *White Center* von Mark Rothko. Das Kunstwerk war im Jahr 2007 in New York bei Sotheby's zur Versteigerung ausgestellt. Mein Mann und ich haben es uns einige Tage vor der Auktion angeschaut. Dieses Gemälde wurde für 65 Millionen US-Dollar versteigert.

WIE TARNE ICH MICH ALS KUNSTVERSTÄNDIGER MENSCH?

- Möglichst echtes Interesse an der Kunst mitbringen.
- Das Buffet ignorieren.
- Laute Begeisterungsäußerungen vermeiden.
- Vor einem Museumsbesuch im Internet ein, zwei Werke der Sammlung studieren und dort beim Rundgang zufällig hängen bleiben und referieren.
- Grundsätzlich sieht es immer gut aus, sich einem Werk ein paar Minuten zu widmen, es aus der Nähe und aus der Ferne zu betrachten. Angenehmer Nebeneffekt: Ein paar Minuten können ausreichen, ein Werk kennen- und vielleicht sogar lieben zu lernen.

WAS ENTLARVT MICH ALS KUNSTBANAUSE?

- Bei zeitgenössischen Lichtinstallationen die Frage zu stellen, wann denn jetzt endlich das Dia eingeschoben werde.
- Auch nicht gut: keine Meinung zu einem Werk zu haben. Information kann schützen, notfalls tut es auch ein Überfliegen der in den Galerien und Museen aufliegenden Pressetexte.
- Sehr auffällig: mehr Zeit damit verbringen die Wandbeschriftung zu lesen als das eigentliche Kunstwerk zu betrachten.

- Bei der Betrachtung von abstrakter Malerei unbedingt zu vermeiden: „Das kann ich auch“ oder „Da malt ja meine Tochter besser“.

DIE TOP-10-ARTISTS OF THE WORLD

Pablo Picasso
Jackson Pollock
Vincent Van Gogh
Andy Warhol
Jeff Koons
Albrecht Dürer
Gustav Klimt
Marcel Duchamp
Leonardo da Vinci
Ernst Ludwig Kirchner

TOP-VERSTEIGERUNGEN

1. Jackson Pollock: *No. 5, 1948* – am 2. November 2006 für 140 Millionen Dollar
2. Gustav Klimt: *Adele Bloch-Bauer I* („Die goldene Adele“) – am 19. Juni 2006 für 135 Millionen Dollar
3. Pablo Picasso: *Junge mit Pfeife* – am 5. Mai 2004 für 104,2 Millionen Dollar
4. Pablo Picasso: *Dora Maar mit Katze* – am 3. Mai 2006 für 95,2 Millionen Dollar
5. Gustav Klimt: *Porträt Adele Bloch-Bauer II* – am 9. November 2006 für 87,9 Millionen Dollar
6. Francis Bacon: *Triptych, 1976* – am 14. Mai 2008 für 86,3 Millionen Dollar
7. Vincent van Gogh: *Porträt des Dr. Gachet* – am 15. Mai 1990 für 82,5 Millionen Dollar
8. Auguste Renoir: *Bal au Moulin de la Galette* – am 17. Mai 1990 für 78,1 Millionen Dollar
9. Peter Paul Rubens: *Das Massaker der Unschuldigen* – am 10. Juli 2002 für 76,7 Millionen Dollar

WELCHE MUSEEN MAN GESEHEN HABEN MUSS (NICHT NUR VON AUSSEN!)

Dia Art Foundation, New York
Eremitage, St. Petersburg
J. Paul Getty Center, Los Angeles
Louvre, Paris
Metropolitan Museum of Art, New York
Musée d´Orsay, Paris
Museumsinsel, Berlin
Tate Modern, London
Uffizien, Florenz
Vatikanische Museen, Rom
Whitney Museum, New York

Musikgenuss

Klassik beißt nicht

Ich habe das große Glück in eine Familie hineingeboren worden zu sein, die mir und meinen Geschwistern klassische Musik schon in frühem Kindesalter zugänglich machte. Vom Blockflötenunterricht bis zu Klavierstunden wurde uns die Welt der Musik spielerisch näher gebracht. Viele Melodien aus dieser Zeit begleiten mich noch heute. Ich liebe fast jede Musik (fast!), doch bei Klassik passiert etwas in mir, das kaum zu beschreiben ist. Da tut sich eine Musikwelt auf, die nicht nur die Sinne, sondern auch das Herz berührt. Manchmal stimmt sie mich heiter, ein anderes Mal wieder tief traurig.

Mein großes Vorbild war meine Wiener Großmutter, die schon bei den ersten Takten genau wusste, um welches Stück es sich handelte. Meist erkannte sie auch gleich den Sänger. Jetzt ist mein Mann mein Coach in Sachen klassischer Musik. Seine Liebe zu dieser Musikrichtung und sein Wissen darüber wirken ansteckend auf mich. Als ich dieses Kapitel zu schreiben begann, fragte ich ihn, ob er mir ein paar Tipps geben könnte. Ich wollte eine Liste für Klassik-Anfänger erstellen, um ihnen die Berührungsängste zu nehmen und den Weg zur großartigen Welt der Musik zu eröffnen. Hier sind seine Empfehlungen.

FÜR ANFÄNGER

Eine kleine Nachtmusik von Wolfgang Amadeus Mozart
Die vier Jahreszeiten von Antonio Vivaldi
Die 5. Symphonie von Ludwig van Beethoven
Die Moldau von Bedřich Smetana
Der Donauwalzer von Johann Strauß
Das 1. Klavierkonzert von Peter Iljitsch Tschaikowsky

FÜR FORTGESCHRITTENE TEIL 1

Die Jupiter-Symphonie von Wolfgang Amadeus Mozart
Die Zauberflöte von Wolfgang Amadeus Mozart
Die 9. Symphonie von Ludwig van Beethoven
Die 5. Symphonie von Gustav Mahler
Die As-Dur Polonaise von Frédéric Chopin
Die Unvollendete von Franz Schubert

FÜR FORTGESCHRITTENE TEIL 2

Don Carlos von Giuseppe Verdi
Tosca von Giacomo Puccini
Die 2. Symphonie von Gustav Mahler
Die 8. Symphonie von Anton Bruckner
Das 2. Klavierkonzert von Frédéric Chopin
Die 4. Symphonie von Johannes Brahms

FÜR EXPERTEN

Die 6. Symphonie von Gustav Mahler
Elektra von Richard Strauss
Siegfried von Richard Wagner
Das 1. Klavierkonzert von Johannes Brahms
Das Tripelkonzert von Ludwig van Beethoven
Romeo und Julia von Sergei Prokofjew

HINEINHÖREN

So nähert man sich langsam der klassischen Musik, beginnt sie nach und nach zu verstehen und kann in eine wunderbare Welt voller Freuden, Überraschungen und Schönheit von Gluck bis Schönberg, von Bach bis Penderecki eintauchen. Haydn, Mozart und Beethoven, Kammermusik, Symphonien und Klavierkonzerte können für ein ganzes Leben reichen. Nach einigen Jahren wird man vielleicht sogar die Klassische Moderne ergründen. Und wenn nicht, macht's auch nichts.

MEINE LIEBLINGSOPER

Der Rosenkavalier von Richard Strauss. Beim Terzett am Ende muss ich immer weinen!

GUTE GRÜNDE, IN DIE OPER ZU GEHEN

- Um Musik als Klangerlebnis mit großartigen Musikern wie zum Beispiel den Wiener Philharmonikern zu erleben.
- Um eine „Gänsehaut“ zu bekommen, weil die Musik und die Geschichte, die sie erzählt, unter die Haut gehen.
- Um die Atmosphäre der Bühne und der Kostüme zu genießen.
- Um den Geruch von Farben und alten Stoffen der Bühne einzuatmen.
- Um eine Oper live zu erleben und nicht aus der Konserve und sich davon mitreißen zu lassen.
- Um das kongeniale Zusammenspiel so vieler einzelner Menschen zu erleben: Sänger, Musiker, Dirigent, Inspizient, Bühnenarbeiter, Maske, Beleuchter, ...
- Um Anna Netrebko, Elina Garanca, Rolando Villazón & Co live zu sehen!
- Um jene Melodien zu speichern, die einen das ganze Leben lang begleiten.

Best of Bücher

Und was sie bedeuten

Bücher sind für mich Kunstwerke. Von der Gestaltung des Covers bis hin zu der Auswahl des Papiers, auf dem es gedruckt ist, ist jedes für sich ein Erlebnis. Ich erinnere mich noch gut an die Zeit, die ich als Kind in der riesigen Bibliothek meines Großvaters verbrachte. Besonders der Geruch blieb in meiner Erinnerung. Diese Mischung aus Holz, modrigen Tüchern und dem Duft des Papiers. Auch das Interieur hat mich sehr beeindruckt: Glaskästen reihten sich neben schweren Holzregalen mit Messingbeschlägen, auf denen zu lesen stand, was sich dahinter befand. Davor eine kleine gedrechselte Trittleiter und Tische mit Leselampen. Alles war sehr imposant und repräsentierte einen hohen Wert.

Kein Wunder also, wenn Bücher für mich etwas sehr Wertvolles sind. Sie zu besitzen ist ein Vergnügen, aber auch eine Verantwortung. Man muss sie pflegen, wie man Bilder pflegt, und man muss sie schätzen. Denn Bücher haben im Lauf der Menschheit stets einen enormen Beitrag zur Verbreitung und Konservierung von Wissen geleistet. Sie sehen schon, was den Umgang mit Büchern angeht, bin ich recht altmodisch. Und was den Inhalt angeht: Ich mag Literatur, die meinen Kopf beschäftigt, mich aber auch emotional erreicht.

Was haben Bücher mit Menschen gemeinsam? Unendlich viel. Menschen werden durch die Bücher, die sie lesen, geprägt. Übrigens auch durch die Bücher, die sie nicht lesen. Daher gehören Bibliotheken zu den wichtigsten Plätzen in einer Wohnung. Kein anderer Raum sagt so viel über seine Bewohner aus wie die Bibliothek. Dabei zählt der Inhalt genauso wie Form und Gestaltung. Wer Menschen näher kennen lernen möchte, sieht sich ihre Bibliothek näher an. Sie erzählt Bände über Interessen und Lebensstil. Wenn ich bei Gastgebern eingeladen bin, die ich noch nicht so gut kenne, werfe ich vor dem Dinner einen Blick in ihre Bibliothek. Und nach dem Essen einen zweiten. Dann kann ich meist schon sagen, ob die Bibliothek Dekoration oder Lebensraum ist.

LIEBEVOLLER UMGANG MIT BÜCHERN

- Die Großmutter einer Freundin hat in jedes ihrer Bücher auf der letzten Seite mit Bleistift notiert, wann sie es gelesen hat. Eine nette Erinnerung.
- Exlibris (ein Signum des Besitzers) geben jedem Buch einen persönlichen Touch.

- Lieblingsbücher zu verschenken ist gut, Originale sollte man behalten.
- Eselsohren vermeiden und Bücher nicht grellem Licht aussetzen.
- Keine Post-its hineinkleben, da sie Kleberückstände hinterlassen und Buchseiten sich dadurch leicht verfärben können.
- Keine Zeitungsausschnitte in Bücher klemmen, auch sie können abfärben oder durch den Säuregehalt der Zeitung Schaden anrichten.
- Ausreichend Abstand zu Speisen und Getränken halten.
- Bücher nicht zu dicht aneinander quetschen.
- Bücher in Regalen immer aufstellen.

- Fotobücher („Wohnschmuck vom Buchbinder") auf dem Coffeetable platzieren.
- Ein No-Go: Bücher per Laufmeter kaufen. Diese Attrappen finde ich nur dann gut, wenn sich dahinter eine Bar verbirgt.
- Bücher richtig genießen: Im Lesestuhl mit Fußteil und guter Leselampe.

WELTTAG DES BUCHES

1995 erklärte die UNESCO den 23. April zum „Welttag des Buches". An diesem weltweiten Feiertag werden Bücher, die Rechte der Autoren und das Lesen gefeiert. Die UN-Organisation für Kultur und Bildung hat sich dabei von dem katalanischen Brauch inspirieren lassen, zum Namenstag des Volksheiligen St. Georg Rosen und Bücher zu verschenken. Doch dieser Tag hat noch eine weitere besondere Bedeutung: Er ist der Todestag von William Shakespeare und Miguel de Cervantes.

BUCH-SCOUT

Elke Heidenreichs herrlich informativer und unterhaltsamer Blick auf alte und neue Bücher, die unbedingt gelesen werden müssen. *www.litcolony.de*

ZUM QUERLESEN

- *Guinness Buch der Rekorde* – Weil es Spaß macht, mit meinen Jungs den erfolgreichsten Solokünstler, den größten Busen, die schönsten Tore, ... zu entdecken.
- *1000 Places To See Before You Die* – Weil es Spaß macht, auch nur im Traum kurz zu verreisen.
- *Brockhaus Enzyklopädie* – Weil es so schön altmodisch ist, Dinge zu ergründen.
- *100 All-Time Favorite Movies* – Weil es Filme in Erinnerung ruft, die schon längst in Vergessenheit geraten sind.
- *100 Fragen an …* – Weil es Spaß macht, gute, freche Interviews zu lesen.
- *Design-Atlas von 1850 bis heute* – Weil es immer wieder spannend ist zu wissen, wie herrlich groß unsere Erde ist.
- *Bildung – Alles was man wissen muss* – Weil es gut tut, unsere Geschichtskenntnisse immer wieder aufzufrischen.

BÜCHER, DIE ICH ALS KIND VERSCHLUNGEN HABE

- *Winnie-the-Pooh* von Alan Alexander Milne
- *Pipi Langstrumpf* von Astrid Lindgren
- *Emil und die Detektive* von Erich Kästner
- *Das Tagebuch* der Anne Frank
- *Der kleine Prinz* von Antoine de Saint-Exupéry
- *Huckleberry Finn* von Mark Twain
- *König Babar* von Jean de Brunhoff

RETTER DER FANTASIE

Die „Junge Bibliothek" der Süddeutschen Zeitung und die „Kinderbuchedition" der Wochenzeitung Die Zeit bieten liebevoll zusammengestellte Kinderliteratur.

BÜCHER, DIE MAN NICHT LESEN MUSS

Coffeetable-Books brauchen, wie der Name schon sagt, einen Kaffeetisch. Denn es liegt in ihrer Natur, dass sie sich in voller Größe ausbreiten wollen. Ihr Zweck ist zu repräsentieren und weniger zu informieren. Außerdem sind Coffeetable-Books viel zu groß, zu üppig, zu schade und meist zu extravagant, um im Bücherregal zu verstauben.

MEINE FAVORITEN

- *A Photographer's Life 1990–2005* von Annie Leibovitz
- *Alle Pirelli Kalender 1964–2007*, mit 731 Abbildungen
- *Cruising in Style* von Chiara Pagnani
- *The Portraits: A Century of Iconic Images* von Vanity Fair
- *Romy Schneider, ihre Filme, ihr Leben, ihre Seele* von Johannes Thiele
- *Athlete* von Walter Iooss

AUTOREN, DEREN BÜCHER ICH MINDESTENS ZWEI MAL LESE

Jane Austen
Friedrich Torberg
Christian Morgenstern

BÜCHER, DIE DIE WELT VERÄNDERTEN

So nennt der Deutsche Taschenbuchverlag eine Reihe, in der Grundlagenwerke vorgestellt werden, die unser Leben maßgeblich bestimmt haben und die immer noch aktuell sind:

Die Bibel

Karen Armstrong stellt die Entstehungsgeschichte der heiligen Schrift der Christenheit und ihren politischen und philosophischen Einfluss dar.

Platon, *Der Staat*

Simon Blackburn bringt uns Platon als »Vater der Philosophen« näher, der mit seinen Werken das Fundament allen Philosophierens schuf.

Charles Darwin, *Die Entstehung der Arten*

Janet Browne beleuchtet Charles Darwins Evolutionstheorie, die Mitte des 19. Jahrhunderts veröffentlicht wurde und bis heute die Gemüter beschäftigt.

Thomas Paine, *Die Rechte des Menschen*

Christopher Hitchens erklärt Thomas Paines revolutionäre Streitschrift von 1791, welche die Fundamente für moderne Verfassungen legte.

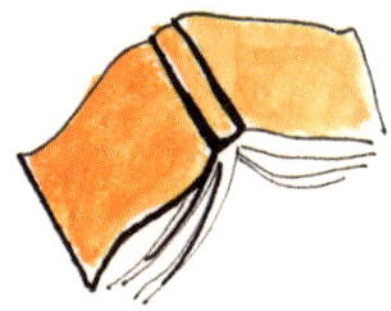

Koran

Das heilige Buch des Islam, vorgestellt von Bruce Lawrence, ist die Grundlage der zweitgrößten Religion der Welt.

Homer, *Ilias und Odyssee*

Alberto Manguel nimmt uns mit auf eine äußerst vergnügliche Tour durch das homerische Projekt, von der Antike bis zur Gegenwart.

Adam Smith, *Vom Wohlstand der Nationen*

P.J. O'Rourke verdeutlicht Adam Smith' 1776 erschienenes Werk, das als Geburtsstunde der Nationalökonomie, der heutigen Volkswirtschaftslehre, gilt.

Carl von Clausewitz, *Vom Kriege*

Hew Strachan befasst sich mit den Theorien Carl von Clausewitz', die großen Einfluss auf die Entwicklung des Kriegswesens in allen westlichen Ländern hatten.

Karl Marx, *Das Kapital*

Francis Wheen liefert eine leicht verständliche Einführung in die berühmteste Analyse und Kritik des bürgerlichen Kapitalismus.

Ansichtssache:
Traditionen

Wie sie die Gegenwart aufwerten

Tradition bedeutet, das Feuer und nicht die Asche weitertragen. Treffender lassen sich die Bedeutung und die Mission von Tradition kaum ausdrücken. Ein guter Freund hat mir diesen Spruch einmal erzählt, als wir diskutierten, ob Tradition Bürde und Auftrag oder Verbundenheit und Leidenschaft bedeutet. Tradition ist keine altmodische „Tante", die der Zeit hinterherhinkt. Wohl eher ist sie eine schöne Tochter der Zeit oder noch besser der Erinnerung. Sie kann auch stets neu und verjüngt werden, wenn man sie pflegt. Staub trägt sie nur, wenn man sie nicht von Zwängen befreit, sondern in die Kommode der Vergangenheit packt. Tradition kann ständig neu interpretiert werden. Denn es gibt sie, diese Evolution der Tradition, wenn auch ihre Gene unverwüstlich und unveränderlich sind.

Das Feuer weiter tragen ist mein Motto geworden. Ob bei der Organisation des Wiener Opernballes, die es behutsam ins 21. Jahrhundert zu führen galt, ob bei der Erziehung meiner Kinder, die auch auf traditionellen Werten meiner Familie und jener meines Mannes beruht. Hier sind die Tugenden meiner Eltern wach – jene Werte, die sie mir in meiner Kindheit beigebracht haben.

Ganz ehrlich: Ich bin ein echter Familien-Traditionsmensch. Das friedvolle Miteinander, das Verständnis für den anderen, mit dem man seine Lebenszeit teilt, wird geschützt und geleitet durch gegenseitigen Respekt. Höflichkeit und Anstand sind dessen Kleider. Beides ist handgemacht und sitzt perfekt. Die familiären Rituale hoch zu halten kann eine gute Strategie sein, das Ideal der Tradition zu vermitteln. Mein Leben hat mich gelehrt, dass einem fast alles genommen werden kann, doch mit der eigenen Geschichte und den eigenen Wurzeln bleibt man fest verbunden. Die schönen Erinnerungen an besondere Situationen, die sich oftmals wiederholen, sind abrufbar, die Geschichten, die sich um jene Erlebnisse ranken – Malheurs genauso wie Glücksmomente – bleiben im Gedächtnis haften.

Wenn das Feuer der Tradition sie anheizt, dann schätzt man die ausgeklügelten Weihnachtsfeste, die liebevoll zelebrierten Osterfeste, die 5-Uhr-Tee-Nachmittage bei der Großmutter, die Gesänge an diversen Geburtstagen. Und auch die kleinen Ermahnungen der Mutter zum ordentlichen Grüßen, gerade Sitzen und sich Benehmen. Wie ein roter Faden ziehen sich meine Erinnerungen an diese Familien-Traditionen und die damit verbundenen Gesten durch mein Leben.

UNSERE EVERYDAY-TRADITIONEN

- Das Gutenachtbussi mit dem Kreuzchen vor dem Einschlafen.
- Der hübsch gedeckte Tisch bei den gemeinsamen Mahlzeiten.
- Die Konversation beim Abendessen.
- Das liebevolle Begrüßen in der Früh.

JÄHRLICH WIEDERKEHRENDE TRADITIONEN IM EIGENEN RHYTHMUS ZELEBRIEREN

Geburtstage: Mit der „Gatschtorte" (eine Schokoladetorte nach altem Familienrezept, die untere Hälfte wird durchgebacken, die obere Hälfte besteht aus Schokomousse – einfach herrlich!) und mit Kerzen darauf. Das „Happy-Birthday"-Trällern, das obligatorische Familienfoto und das Lieblingsessen des Jubilars.

Ostern: Der Spinat am Gründonnerstag, der Schinken mit den gekochten, bunten Eiern am Ostersonntag, das Besinnen und Innehalten.

Weihnachten: Der Adventkalender mit den vierundzwanzig Säckchen, das Schreiben an liebe Menschen, das Einkleben der Fotos in die Weihnachtskarten, die Kekse, das Evangelium unter dem Christbaum.

10 GUTE GRÜNDE, WARUM TRADITIONEN SCHÖN SIND

- Sie kehren alte Werte immer wieder hervor.
- Sie hinterlassen ein Gefühl der Beständigkeit.
- Sie sind vertraut.
- Sie haben keinen Preis.

- Sie sind in einer so schnelllebigen Welt so herrlich altmodisch langsam.
- Sie haben ihren eigenen Rhythmus.
- Sie kommen zwar aus der Vergangenheit, haben aber eine große Zukunft.
- Sie rufen Erinnerungen hervor.
- Sie hinterlassen Geschichten, von denen man noch lange erzählt.
- Sie nehmen Neuerungen nicht einfach so hin, sondern sie hinterfragen sie sorgfältig.

Buchtipp:

Was wir wieder schätzen sollten – die schönen Traditionen, von Johannes Thiele und Christine Paxmann

Ein Kompendium der schönen Traditionen, die zum Teil in Vergessenheit geraten sind, aber gerade in der heutigen Zeit wiederentdeckt werden.

Tradition versus Moderne

Auf den Mix kommt es an

Something old – something new: Durch den Mix entsteht ein neuer Stil, nämlich Ihrer.

Trauen Sie sich, Ungewohntes und Ungewöhnliches zu kombinieren, wagen Sie sich an etwas Neues heran ohne das Alte, Traditionelle zu vernachlässigen. Ich mache das schon mein Leben lang, pendle zwischen den beiden Welten der Tradition und der Moderne. Die eine schreibt Familiengeschichte, die andere schreibe ich selber. Sie inspirieren mich – und zwar jede auf ihre Art. Und wenn ich sie kombiniere, was tagtäglich passiert, dann ist das ein kleiner Ausdruck meines Lebensstils. Denn eines ist sicher: „Mode vergeht, Stil bleibt." Sagte schon Coco Chanel.

KOMBINATIONSSIEGER

Diese Künstler, Kunstrichtungen, Ideen, Tätigkeiten, Getränke, Schöpfer und Objekte kombiniere ich gerne. Ich sehe sie nicht als Gegensatz, sondern als spektakuläre Ergänzung, manchmal auch als Weiterentwicklung.

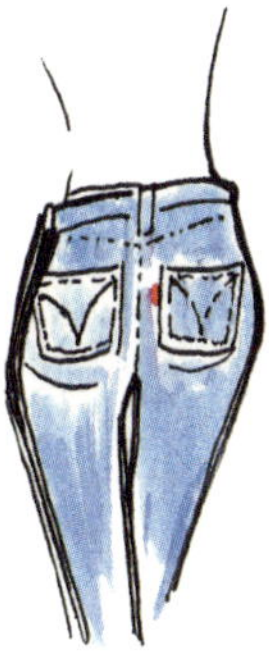

Rudolf M. Schindler	Zaha Hadid
Gustav Klimt	Alex Katz
Ford Mustang	Mini Cooper (neu)
Manner Schnitte	Center Shock
Levis	Acne
Kellybag, Hermès	Balenciaga Tasche
Maria Callas	Anna Netrebko
Apollo & Daphne von Bernini	Erwin Wurm
Earl Grey	Cafe Latte
Alfred Brendl	Lang Lang
Perlenohrstecher	Perlenohrstecher
Klavier	iPod in Schwarz
KHM *(Kunsthistorische Museum)*	Secession
Barock	Minimalismus
Opernball	Lifeball
Altmann & Kühne	Bitterschockolade von Demel
Fred Perry	Abercrombie & Fitch
Barcelona Chair von Mies van der Rohe	Louis Ghost von Philippe Starck
Franz Beckenbauer	Lionel Messi
Huber & Lerner Briefpapier	SMS
Dior	Marc Jacobs
Brockhaus Enzyklopädie	Google
Kristallluster von Lobmeyr	Frank O. Gehry Cloud Lamp
Klinkosch Silberbesteck	Bunte Kunststoff-Couverts von Sabre
Hortensie in rosa und blau	schwarze Callas
Ernst Marischka	Michael Haneke

Kommandozentrale *Neid*

Unruhestifter oder Ansporn?

Neid ist weit mehr als nur ein bohrendes Gefühl. Neid ist ein Unruhestifter mit zerstörerischer Kraft, der gerne das Kommando übernimmt und vieles vernichtet, was sich ihm in den Weg stellt. Friedliches Zusammenleben kann er gut verstören, lang gehegte Freundschaften sogar zerstören. Die berühmten „Neidhammeln“ findet man an jeder Ecke. Da gibt es jene, die ihren Neid lieber runterschlucken als offen aussprechen. Und jene, deren Neid man in seinem vollen Umfang zu spüren bekommt. Die Reaktion der Beneidenswerten: Plötzlich entschuldigt man sich für Dinge, die hart erarbeitet wurden oder wo einfach Glück im Spiel war. Um sich vor dem Neid der anderen zu schützen, werden gute Nachrichten nicht hinausposaunt, wird geerbter Schmuck heimlich getragen, werden Restaurantbesuche abgesagt. Wie erstickt man Neid schon im Keim? Man kommt den Neidern einfach zuvor.

Als mein zweiter Sohn zur Welt kam, hat mich meine Schwester Vera auf eine gute Idee gebracht. Meine Sorge galt dem Älteren. Wie wird er mit seinem kleinen Bruder umgehen? Wird er ihn mögen? Ich befolgte ihren Rat, kaufte ein tolles Spielzeug und als er uns das erste Mal im Spital besuchte, überreichte ich es ihm – im Namen des Neugeborenen. Die Freude über das Geschenk war so groß, dass die Eifersucht erst gar nicht aufkam. Bis heute erzählen mir die beiden noch, wie lieb es von dem Jüngeren war, ein Geschenk mitzubringen. Angst, Eifersucht, Neid – sie hatten gar keine Chance sich einzunisten.

DAS SPRICHT DAFÜR, NEID ZIEHEN ZU LASSEN

Denn: Wer neidet, der leidet.

- Neid raubt Energie, die Sie besser anders einsetzen können.
- Neid lässt Sie ziemlich blass aussehen. Und macht nicht nur sprichwörtlich einen schlechten Teint.
- Neid verändert nicht die Tatsache, dass das, worauf Sie erpicht sind, trotzdem nicht in Ihre Nähe rückt.
- Neid ist eine der sieben Todsünden. Hochmut, Wollust, Trägheit, Zorn, Völlerei, Geiz sind die anderen.
- Neid ist der Partner von Missgunst und die Mutter von Schadenfreude und Verleumdung.
- Neid kann Sie innerlich auffressen und sogar krank machen.
- Die Quelle von Neid ist der ständige Vergleich mit anderen. Wir schauen auf das, was andere haben und was wir gerne hätten.
- Neid verursacht Selbstzweifel. Wir fühlen uns in Frage gestellt, glauben, dass wir weniger wert sind. Neid zerstört die eigene Zufriedenheit und macht uns klein.
- In gesteigerter Form kann Neid für diejenigen, die wir beneiden, gefährlich werden. Und zwar dann, wenn er zur Triebkraft destruktiven Handelns wird.

NEID HINTERLÄSST SEINE SPUREN, AUCH IN DER SPRACHE:

Mich frisst der Neid.
Ich platze vor Neid.
Das muss der Neid ihm lassen.

NEID HAT AUCH POSITIVE SEITEN

- Neid – offen ausgesprochen – ist eine ehrliche Form der Anerkennung. Sagte schon Wilhelm Busch.
- Neid kann aus psychologischer Sicht ein produktives Gefühl auslösen, weil er eigene Bedürfnisse anzeigt. Wer jemandem etwas neidet, spürt, was ihm anscheinend fehlt.
- Neid weckt den inneren Schweinehund, der Ehrgeiz wird angekurbelt. Gesunder Neid kann Motor und Antrieb sein, um das nächste Ziel in Angriff zu nehmen.
- Das quälende Gefühl eignet sich hervorragend als Herausforderung zur Selbstreflexion. Überprüfen Sie, ob es eine realistische Chance für Sie gibt, das zu erreichen, was Sie anderen neiden.
- Vergleichen Sie sich ruhig mit anderen, aber werten Sie sich dabei nicht ab. Sie hat eine tolle Stimme, aber ich habe den kleineren Popo.
- Sie können nicht überall der Beste sein. Sinnvoller ist es, sich auf eigene Stärken zu konzentrieren.
- Neid kann sogar ein wichtiger Wegweiser im Leben sein. Nach dem Motto: Dorthin will ich auch.

WIE MAN MIT NEID UMGEHT

Soll man ihn ansprechen, wenn man ihn zu spüren bekommt? Ja, unbedingt! Das befreit und man weiß, woran man ist. Oft sind es Kleinigkeiten, die Missverständnisse hervorrufen.

Wie kann man Neid stilvoll begegnen? Indem man sich selbst nicht so wichtig nimmt. Denn dann strahlt man auch eine unkomplizierte Selbstverständlichkeit aus. Und: Üben Sie Toleranz mit dem, der Ihnen neidvoll entgegentritt.

DEM NEID DEN WIND AUS DEN SEGELN NEHMEN

- Oft sind es die kleinen, unscheinbaren Dinge, die in anderen Menschen die Missgunst wecken. Vorsicht mit teurem Schmuck, wertvollen Uhren und Accessoires – nur dort tragen und zur Schau stellen, wo Sie „unter sich" sind.
- Nicht mit Statussymbolen protzen.
- Teilen: Wer seine größten Neider großzügig um sich schart, bietet weniger Angriffsfläche. Nach dem Motto: Mitgehangen ist mitgefangen.
- Verständnis zeigen.
- Glücklich und zufrieden sein mit sich und seinen Fähigkeiten, denn dann braucht es auch keine eifersüchtigen Blicke auf das, was der andere hat.

NEID IM FILM:

Rebecca, 1940
Die Katze auf dem heißen Blechdach, 1958
Die Klavierspielerin, 2001
Neid, 2004
Slumdog Millionär, 2008

„Jedoch ist, Neid zu empfinden, menschlich, Schadenfreude zu genießen, teuflisch."
A. Schopenhauer

„Neid muss man sich verdienen, Mitleid bekommt man geschenkt."
Meine Großmutter

Besuch im *Welt-Raum*

Wie man Menschen mit Toleranz begegnet

Gut, dass es Menschen gibt, die einen ganz natürlichen Zugang zu anderen Menschen haben. Vor allem zu Menschen, die sich von uns durch Nationalität, Religion, Hautfarbe und Gesellschaftsschicht unterscheiden. Multikulti-Allüren und Monokulti-Gehabe sind da fehl am Platz. Da braucht es genau jene Neugierde, mit der Kinder auf andere Kinder zugehen.

Menschen sind unterschiedlich – dazu müssen sie nicht erst vom anderen Ende eines Erdteils stammen. Das Fremde, das Anderssein sollte man nicht werten, sondern schlicht und ergreifend respektieren und sich lieber darüber freuen. Verschiedene Kulturen bedeuten Vielfalt. Und Vielfalt ist etwas Bereicherndes.

Ein Abendessen mit Freunden hat etwas Gewohntes, ist schön und (meistens) entspannend. Ein Abendessen mit Menschen, die man nicht kennt und die aus unterschiedlichen Kulturen kommen, erfordert Interesse, Zuwendung, Aufmerksamkeit. Es ist ein bisschen Abenteuer mit ungewissem Ausgang. Aber: Man kann immer etwas dabei lernen. Manchmal kann es sehr aufregend und interessant sein, manchmal verstellt die Angst davor, aus sich herauszugehen, den Blick auf die Menschen. Das Ergebnis: Langeweile macht sich breit, denn man bleibt im Smalltalk stecken. Ein gutes Gegenmittel: Seien Sie der Erste, der sich öffnet, der eine persönliche Geschichte einbringt. Wer das mit Charme, Respekt und einer Prise Provokation macht, kann nur gewinnen.

- Multikulturelles Verständnis bedeutet, sich nicht ausschließlich auf die eigenen traditionellen Vorbilder berufen, sondern die Eigenheiten anderer Kulturen mit Freude annehmen, wenn sie sich einem bieten.
- Experimentieren mit anderen „Sitten" bringt neue Erfahrungen mit sich, auch wenn nicht alle traditionellen Vorschriften eingehalten werden. Nehmen Sie zum Beispiel einfach einmal ein Marokkanisches Essen auf Kissen mit den Fingern ein!
- Man muss nicht auf alle kulturellen Unterschiede Rücksicht nehmen, sollte aber die Gäste, die man zu sich nach Hause einlädt, so weit kennen, dass sich grobe Fauxpas vermeiden lassen. Ist dies nicht der Fall, sollte man lieber mit ihnen ein Restaurant besuchen.
- Falls Sie Ihr Vis-à-vis nicht gut kennen, vermeiden Sie Gespräche über Religion.
- Zeigen Sie Interesse, trauen Sie sich Fragen zu stellen.

RUNDREISE: WIE SIE INTERKULTURELLE MISSVERSTÄNDNISSE VERMEIDEN KÖNNEN

In **Spanien** beginnen Abendessen meist weit nach 21.00 Uhr. Stierkämpfe sind Tradition, wer sie kritisiert, sollte dies mit Bedacht tun.

In **Italien** ist Spazierengehen in der Stadt in Badehose oder Bikini verpönt. Schultern und Knie sollten bei Kirchenbesuchen immer bedeckt sein. (Sollte nicht nur in Italien gelten!) Nach dem Essen in Restaurants werden die Rechnungen nicht getrennt bezahlt, sondern einer übernimmt die gesamte Rechnung. Und rechnet dann mit den anderen ab. Cappuccino nach 10.00 Uhr am Morgen ist deplaciert. Espresso trinkt man nur nach dem Essen.

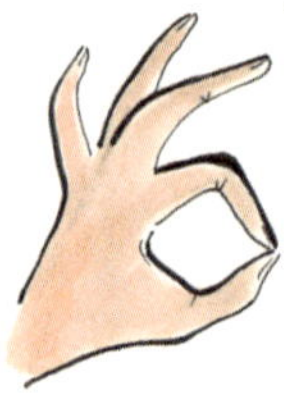

Achtung bei **Handgesten**: Vermeiden Sie es, Kreise mit beiden Händen zu zeigen, das heißt mancherorts nämlich: „Ich trete dir in den Hintern". Auch das O.K.-Zeichen mit Daumen und Zeigefinder geformt hat in verschiedenen Ländern unterschiedliche Bedeutungen: In Frankreich „Null", in Japan „Geld" und in einigen Mittelmeerländern ist damit eine gewisse Körperöffnung gemeint.

Apropos Handgesten, in der **Türkei** bedeutet den Daumen zwischen Zeigefinger und Mittelfinger zu schieben dasselbe wie bei uns der sogenannte Stinkefinger. In der Türkei sollten Männer in einem Hamam niemals ohne Handtuch saunieren. Wer bei einer Konversation mit einem Türken klaustrophobische Beklemmungen bekommt – keine Angst: Türken lieben es, sich beim Kommunizieren näher zu kommen.

Niemals **Kroaten** als ehemalige Jugoslawen bezeichnen.

In **Griechenland** heißt „ochi" nein und ist immer mit einem für uns bejahenden Kopfnicken verbunden.

Der Verkehr ist in **Südeuropa** oft wilder als in Mitteleuropa. Wenn die Ampel rot anzeigt, kann es sein, dass manche Autofahrer trotzdem weiterfahren.

In Frankreich kann man sich in Restaurants nicht selbst den Tisch aussuchen. Man wartet, bis der Ober einem einen Tisch zuweist.

Wer in Russland die Sohle seiner Schuhe zeigt, gilt als extrem unhöflich. Also nie die Füße in Schuhen auf eine Sitzbank legen. Immer einen angebotenen Drink akzeptieren. (Das gilt auch für Kärnten!)

Wenn man in Argentinien mit dem Essen fertig ist, kreuzt man Gabel und Messer auf dem Teller. Beide Hände bleiben während des Essens auf dem Tisch.

Das übliche O.K.-Zeichen ist in Brasilien eine sehr unhöfliche Geste. Ziehen Sie sich nicht in den Nationalfarben Gelb und Grün an. Bringen Sie keine violetten Blumen mit, die verwendet man als Grabschmuck (außer Veilchen).

Wenn Sie in Kanada das Victory-Zeichen mit der Hand zeigen wollen, dann nur mit der Handfläche nach außen, sonst gilt dies als sehr unhöflich.

Schlagen Sie in Chile nie mit der linken Faust in die rechte Handfläche oder erheben eine Faust in Schulterhöhe. Das erstere ist obszön, das zweite ein kommunistischer Gruß.

In China sollte man nie vor dem Gastgeber trinken oder essen, nie die Stäbchen fallen lassen – das bringt Unglück.

Nie mit dem Finger auf jemanden oder etwas zeigen, wenn man spricht. Keine Blumen als Gastgeschenk mitnehmen, sie werden mit Tod assoziiert. Man verbeugt sich oder nickt zur Begrüßung. Wenn Hände geschüttelt werden, dann wartet man zuerst auf eine entsprechende Geste des Chinesen.

In **Amerika** begrüßt man sich mit festem Handshake und gutem Augenkontakt für drei bis fünf Sekunden. Bevor man sich eine Zigarette oder Zigarre anzündet, fragt man um Erlaubnis – vielerorts ist Rauchen verboten. Man kaut in der Öffentlichkeit nie an einem Zahnstocher. Bei einer Warteschlange stellt man sich hinten an. Die Frau betritt das Restaurant vor dem Mann, in Europa ist das üblicherweise umgekehrt. Für USA-reisende Damen gilt folgender Ratschlag: Haare an Beinen und unter den Achseln entfernen, sie fallen unter die Kategorie absolut ungepflegt.

In **Saudiarabien** muss man die Schuhe ausziehen, bevor man ein Gebäude betritt. Keine nackten Schultern, Schenkel, Waden und sich nie bauchfrei in der Öffentlichkeit zeigen. Alkohol und Schweinefleisch sind illegal. Die linke Hand gilt als „unrein" und ist der Hygiene vorbehalten, daher nie mit der linken Hand essen oder auf jemanden deuten.

In **Singapur** darf man keinen Kaugummi kauen. Es ist verboten. Wer Kaugummi kaut, wird eingesperrt.

In Japan gilt: Schenken Sie sich nie einen Drink selbst ein und bitte schlürfen Sie die Nudeln – das ist hier so Brauch. Geschenke sind eine Frage des Stils, nicht des Wertes und werden daher immer sorgfältig eingepackt. Den Gastgeber darauf vorbereiten, dass man ein Geschenk überreichen wird. Geschenke werden am Ende eines Besuchs übergeben. Niemals eine Person des anderen Geschlechts in der Öffentlichkeit berühren. Die übliche Begrüßung ist eine Verbeugung. Dabei hält man die Handflächen an die Oberschenkel. Japaner verwenden das Wort „Nein" nicht. Ein „Ja" kann daher auch das Gegenteil bedeuten.

Schleppen Sie keine großen Ledertaschen oder andere Lederaccessoires durch Indien: Die Kuh ist in Indien heilig. Man berührt niemanden am Kopf, auch nicht Kinder. Man pfeift nicht und Zwinkern gilt als obszöne Anmache. Nie die Füße anderen zuwenden, sie gelten als unrein, nie die Hände in die Hüfte stützen, das gilt als aggressive Geste. Am Ende eines Essens sagt man nicht „Thank you", das gilt als unhöflich. Ebenso lehnt man nichts mit einem einfachen „No" ab, man sagt „I'll try".

Für islamische Länder gilt allgemein: Je traditions- und religionsverbundener ein Land ist, desto sensibler muss man mit den Gebräuchen umgehen. Betende Moslems und verschleierte Frauen nicht fotografieren, das verbietet die Religion. Wer unbedingt fotografieren will, muss um Erlaubnis fragen. Tempel- und Moscheenbesucher müssen sich die Schuhe ausziehen. Außerdem Arme und Beine bedecken. Frauen müssen sich in den hinteren Teil des Gebäudes begeben und ein Kopftuch tragen. Der Grund: Sie würden sonst die Männer „ablenken". „Oben ohne" an öffentlichen Stränden macht man grundsätzlich nicht. Auch ein „Bussi" auf offener Straße kann Ärger nach sich ziehen. Es gilt als sehr respektlos, während des Fastenmonats Ramadan in der Öffentlichkeit zu rauchen, zu essen oder zu trinken. Apropos essen: Man isst nur mit der rechten Hand, die linke gilt als unrein.

In **Ägypten** sollte man eine Einladung immer mit einer „Gegeneinladung" erwidern. Unterbrechen Sie niemals einen in der Öffentlichkeit betenden Moslem. Sie sollen auch nicht „hinter seinem Rücken" an ihm vorbeilaufen.

ETHNIC FOOD

Soziale und kulturelle Einflüsse werden gerade beim Essen sichtbar. So erzählt jedes Gericht seine eigene Geschichte und hilft dabei das Neue, Fremde kennenzulernen. Da es nicht möglich ist, für jeden Gast ein eigenes Essen vorzubereiten, das seiner Landesküche entspricht, ist es besser, ein Menü zu kreieren, das die Vorlieben unterschiedlicher Kulturen aufgreift.

Zur Ideenfindung: Lassen Sie sich von den Kochbüchern *Weiter grenzenlos Kochen* und *Hier wird nur mit Liebe gekocht* inspirieren! Hier erste Anregungen.

VORSPEISEN ZUR AUSWAHL:

Makis (Japan)
Pomodori secchi + Bruscetta (Italien)
Tzatziki (Griechenland)
Gazpacho (Spanien)

HAUPTGANG ZUR AUSWAHL:

Tajine (Thailand)
Cous-Cous (Marokko)
Chili con carne (Mexiko)
Wareniki (Russland)
Ajvar (Serbien)
Jan in de Sak (Holland)
Jasons Versuchung (Schweden)

DESSERTS ZUR AUSWAHL:

Crème Brûlée (Frankreich)
Panna Cotta (Italien)
Baklava (Türkei)
Cocada Amarela (Angola)
Vermicelles (Schweiz)

Türkischer Kaffee

Soziales *Engagement*

Augen auf statt Kopf in den Sand

Seit Jahren gehe ich mindestens dreimal in der Woche in den Supermarkt bei uns um die Ecke. Wie das Amen im Gebet wartet vor dem Eingang eine nette ältere Frau, beladen mit einem Stapel Augustin. Zwei Euro kostet diese österreichische Obdachlosenzeitung. Ein Euro davon soll ihr das Leben auf der Straße erleichtern. Wie das Amen im Gebet gebe ich ihr die Münzen. Manchmal lade ich sie auch auf eine Wurstsemmel ein, wechsle ein paar Worte mit ihr. Steht sie einmal nicht da, mache ich mir Sorgen.

Sorgen machen mir auch die vielen Bettelbriefe, die ich nach Hause bekomme. Fast täglich ist einer in der Post, will einer eine Spende für Kinder in Not, für Blinde, Alte, Leidende. Tragische Schicksale kommen aus allen Ecken und Enden der Welt. Gerne will ich helfen, aber allen? Prompt meldet sich das schlechte Gewissen. Und fragt auch noch provokant: Warum denen nicht und jenen schon? Schwierige Frage.

Von meiner Mutter habe ich früh gelernt, Armen mit Achtung zu begegnen. Denn Geben alleine hat noch nicht mit Respekt zu tun: Es kommt darauf an, wie man gibt. Geben und Nehmen muss auf gleicher Augenhöhe passieren. Auch meine Jungs haben sich diese kleine Geste von mir abgeschaut. Jetzt sind sie es, die der älteren Dame vor dem Supermarkt die zwei Euro zustecken. Nicht wegschauen, nicht das Leid anderer ignorieren, sondern aktiv werden. Denn jeden von uns kann es aus der Bahn werfen. Schneller als man glaubt.

KLEINE DINGE MIT GROSSER WIRKUNG

Nicht immer geht es nur um Geld

- Verschenken Sie etwas von Ihrer kostbaren Zeit. Oft brauchen einsame, alte oder arme Menschen jemanden, der ihnen zuhört und sie versteht.
- Lesen Sie Menschen in einem Hospiz aus einem Buch vor. Oder gehen Sie mit ihnen spazieren.
- Spendieren Sie einen Kaffee, eine Kleinigkeit zu Essen oder gleich eine warme Mahlzeit.
- Sie müssen nicht gleich arme Kinder aus Entwicklungsländern adoptieren. Pate zu sein ist eine gute Sache. Denn so können Sie Kindern die Möglichkeit geben, zu einer Schulausbildung zu kommen. Und das ist viel wert.
- Geben Sie drei Nachbarn Ihre Telefonnummer, falls sie einmal Hilfe brauchen sollten.
- Spenden Sie Blut, das kann viele Leben retten.
- Kaufen Sie hie und da auch in einem Charity-Shop ein.
- Helfen Sie einen Charityball mitzuorganisieren.
- Stellen Sie Ihre Fähigkeiten in den Dienst einer Organisation. Ihre Talente sind gefragt.
- Sammeln Sie Spiele von Freunden und verteilen sie diese zu Weihnachten an Kinder aus der Nachbarschaft, in Spitälern oder Flüchtlingsheimen.

Wer Hilfe braucht, verdient volle Aufmerksamkeit. Denn die Überwindung danach zu fragen ist groß, wenn nicht gar unmöglich. Wer seine Hilfe anbietet, sollte dabei immer ehrlich sein. Und nichts versprechen, was er dann nicht halten kann. Ein gutes Signal ist, sich dabei genug Zeit zu nehmen und geduldig zuzuhören.

WIE BRINGE ICH MEIN GELD AN DEN MANN?

Es gibt so viele Organisationen, die finanzielle Unterstützung benötigen, aber wie finde ich die richtige? Ich entscheide nach meinem Bauchgefühl. Und danach, ob das Anliegen der Organisation auch meines ist. So kann ich mich als Mutter von drei Kindern sehr gut in die Aufgaben der SOS-Kinderdörfer oder jener der Kinderkrebshilfe hineindenken. Und: Ich unterstütze Organisationen, die in meiner Nähe sind. Denn auch die Helfer brauchen Hilfe, freuen sich über kleine Aufmerksamkeiten und über Anerkennung. Von medial ausgeschlachteten Events halte ich nicht viel. Sicher – es ist wichtig, dass es sie gibt und dass durch ihre starke Präsenz hohe Summen gesammelt werden – mein Kompliment an die Veranstalter. Doch meine persönliche Einstellung ist: Spende und rede nicht darüber.

- Wählen Sie eine Organisation aus, deren Ziele Sie kennen.
- Besuchen Sie offizielle Infoabende und setzen Sie sich mit der Organisation auseinander.
- Hat sie ein Spendengütesiegel? Und einen Jahresbericht, der zeigt, was mit den Spenden finanziert wurde?
- Lassen Sie sich nichts aufschwatzen.

EIGENER SPENDENTOPF

Die Spendenaufforderungen nehmen zu und werden in nächster Zeit weiter wachsen. Wer helfen will, sollte sich einen „Spendentopf“ zulegen. Darin können Sie Ihr Restgeld sammeln. Oder Sie entscheiden sich beim nächsten Einkauf für ein billigeres Produkt und der überschüssige Betrag wandert ebenfalls in den Topf. Tricks, ihn zu füllen, gibt es viele.

JEDER KANN ETWAS BEITRAGEN

Dazu braucht es: eine gute Idee und ein bisschen Durchsetzungskraft. Hier ein paar Anregungen zur Inspiration.

Haubenküche zum Beislpreis und Sterneküche

Die besten Haubenköche Österreichs und die besten Köche und Köchinnen Deutschlands haben sich Rezepte einfallen lassen, die gut schmecken, nahrhaft sind und nicht mehr als fünf Euro kosten. Und zwar für zwei Personen! Das Kochbuch *Haubenküche zum Beislpreis* wurde ein Bestseller, der Erlös geht an die Obdachlosenvereinigung NeunerHaus (www.neunerhaus.at).

Die Zweite

Die „Zweite“ ist eine besondere Bank. Sie ist für Menschen mit niedriger Bonität da, die vielleicht schon eine Privatinsolvenz durchgemacht haben und auf der „schwarzen Liste“ der österreichischen Banken stehen (www.diezweite.at).

Bauern helfen Bauern

Eine private unabhängige Hilfsorganisation, die 1992 von Doraja Eberle und ihrem Mann Alexander gegründet wurde. Ziel ist und war es, das Leid unzähliger Vertriebener und entrechteter Menschen im ehemaligen Jugoslawien zu lindern.
www.bhb.sbg.at

Friedensnobelpreis für Mikrokredit

Dr. Yunus hat mit seiner Idee – Kleinstkredite von Privatpersonen an Menschen in Entwicklungsländern zu vergeben – sogar den Friedennobelpreis erhalten.
www.grameen-info.org

P.R.I.M.A. Award

Als Partner von Pink Ribbon fördert mobilkom austria Kommunikation dort, wo sie oft von selbst nicht mehr funktioniert. Eine Initiative, die Frauen unterstützt ihr mobiles Leben zu koordinieren und zu erleichtern und nicht auf die regelmäßige Vorsorgeuntersuchung zu vergessen. Ich habe die Ehre diesem Komitee anzugehören. Mehr Infos: www.prima-award.at

Sozialmärkte

Wer wenig Geld hat, trotzdem aber alles Wichtige fürs Leben einkaufen möchte, geht in einen Sozialmarkt. Dort werden Überproduktionen der Hersteller von Lebensmitteln und Konsumgütern zu niedrigen Preisen verkauft und an sozial Bedürftige abgegeben.

GROSSE HILFE AUF GROSSER LEINWAND

Das Leben stinkt, 1991
Ein skrupelloser Milliardär verkleidet sich als Obdachloser um eine Wette zu gewinnen. Das stellt sein Leben auf den Kopf.

Fisher King, 1991
Einer meiner Lieblingsfilme über Schuld und Vergebung, Freundschaft und Liebe und die Suche nach sich selbst.

Patch Adams, 1998
Das Leben des Arztes Hunter Patch Adams, der alle zum Lachen bringt, war das Vorbild für diesen Film mit Robin Williams.

The Soloist, 2009
Wundervolle Geschichte über die Begegnung eines Journalisten mit einem obdachlosen und äußerst begabten Geigenspieler.

Work-Out für die *Presse*

Wie man sich gekonnt in Szene setzt

Als ich mein Engagement für den Opernball 2008 begonnen habe, ging ein Aufruhr durch die Presse. Aus der Mutter und Herausgeberin ist über Nacht ein öffentlicher Mensch geworden. Schafft sie es, schafft sie es nicht? Wer ist sie, was hat sie bisher gemacht, was denkt sie und was denkt sie sich dabei, den Wiener Opernball zu organisieren?

Mit dem Opernball hat sich mein Leben verändert. Interviews mit Magazinen stehen auf der Tagesordnung. Ich sprang ins kalte Wasser, dachte, es reicht, wenn ich offen und ehrlich über meine Anliegen spreche, über die Ideen, die ich für den Wiener Operball habe und über seine Bedeutung. Mein Mann, der von dem Presse-Hype ebenso überrascht war, gab mir den besten Tipp: „Nimm dich nicht zu wichtig und sage nur die Wahrheit." Genau das tat ich auch. Und alles ging gut.

Wiener Opernball, zweite Runde, 2009: Wie schwingt man in der Weltwirtschaftskrise das Tanzbein? Da melden sich dann plötzlich einige medienverliebte Besserwisser und machen viel Lärm um Nichts. Da hagelt es Ratschläge aus allen Himmelsrichtungen und Kritik gibt es umsonst und nicht zu wenig. Ich lernte damit umzugehen. Denn manchmal sind es einfach die Medien und ihre Macher, die das Ruder in der Hand haben. Sie lieben Dich – sie hassen Dich. So ist das eben. Nichtsdestotrotz: Auch der zweite Ball fand statt und alles ging gut über die Bühne.

Eines ist klar: Das Medieninteresse kann einen aus heiterem Himmel treffen. Sie werden auf der Straße befragt, Ihr Job verlangt von Ihnen in der Öffentlichkeit zu stehen. Da hilft nur eines: Nehmen Sie sich nicht zu wichtig und bleiben Sie bei der Wahrheit.

„Wenn die Sonne der Kultur sehr tief steht, werfen auch kleine Zwerge große Schatten."

EINE FRAGE DER EHRE

Es gibt ihn, den Pressekodex. Und er hört sich so an: „Die Achtung vor der Wahrheit, die Wahrung der Menschenwürde und die wahrhaftige Unterrichtung der Öffentlichkeit sollten stets oberste Gebote der Presse sein. Die länderspezifischen Selbstkontrollen der Presseräte appellieren daher an alle, denen Aufgaben der Information und der Kommentierung der Zeitereignisse anvertraut sind, sich der Verpflichtung zur Wahrhaftigkeit, Sauberkeit und Korrektheit bewusst zu sein und danach zu handeln."
Schön, dass es Journalisten gibt, die sich an den Pressekodex halten.

TIPPS FÜR ANFÄNGER

- Man muss nicht jede Frage beantworten.
- Nie vergessen: Wer sich ins Rampenlicht begibt, wird beobachtet und setzt sich damit auch Kritik aus.

- Einmal heben sie Dich in den Himmel, dann lassen sie Dich wieder fallen. Da gibt es nur eine Regel: Vertraue Deinem Instinkt.

- Vertrauen ist gut, Kontrolle ist besser. Daher: Zitate unbedingt absegnen.
- Ein Journalist kann nie ein Freund werden, aber ein Verbündeter in gemeinsamer Sache.
- Immer sachlich bleiben, für Emotionen ist vor der Presse kein Platz. Falls es doch passiert, dann reden Sie ehrlich und offen über Ihr Anliegen.
- Lügen haben kurze Beine: Lügenkonstrukte fallen immer zusammen.

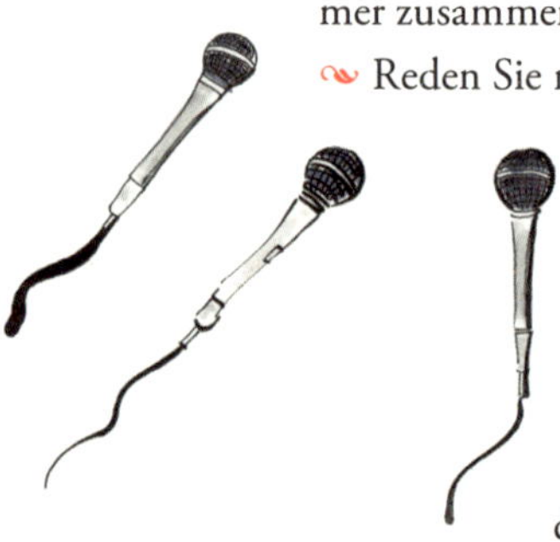

- Reden Sie nur über jene Dinge, die Ihnen ein ehrliches Anliegen sind. Kein Mensch interessiert sich dafür, ob Desi Treichl ihre Weihnachtskekse selber bäckt.
- Bluffen ist erlaubt. Es darf nur nie auffallen.
- Lassen Sie sich nicht zu saloppen Ausdrücken hinreißen. Ich habe die Erfahrung gemacht, dass sie aus dem Zusammenhang gerissen werden und dann stehen Sie nicht gut da.
- Der Titel macht die Geschichte. Also vorsichtig bei kraftvollen Zitaten.
- Zeitungen und Magazine müssen sich verkaufen. Wittert ein Journalist eine Coverstory, würde er vielleicht auch seine Großmutter dafür versetzen.
- Reden Sie langsam und in kurzen Sätzen, dann verzetteln Sie sich nicht.
- Wer viel in der Öffentlichkeit steht, dem rate ich zu einem medialen Training. Bei mir war leider keine Zeit dafür.
- Zu viel Aufmerksamkeit schürt Neid. Gehen Sie mit Pressekontakten deshalb sparsam um.

- Zu nebulosen Themen ständig Stellung nehmen lässt Sie in der Leserschaft ganz schnell als Nervensäge dastehen.
- Speichern Sie Telefonnummern von Redaktionen in Ihrem Handy. Beim Erkennen des Mediums können Sie selbst entscheiden, ob Sie jetzt abheben wollen oder nicht.
- Journalisten lieben Geschichten. Verbreiten Sie nicht nur trockene Thesen, sondern verpacken Sie Ihr Anliegen in Anekdoten.
- Gehen Sie davon aus, dass Journalisten sich an Vereinbarungen halten. Seien Sie aber nicht enttäuscht, wenn es nicht so ist.
- Journalisten arbeiten oft unter hohem Zeitdruck. Angeforderte Informationen sollten deshalb schnellstens geliefert werden. Ein Trick: Falls Sie aber nicht zitiert werden möchten, lassen Sie sich Zeit. Dann kann es passieren, dass das Interesse des Mediums nachlässt und Ihre Meinung nicht mehr gefragt ist.

FALLBEISPIEL

Journalisten bestimmen mit ihrem Lob die Höhe Ihres Falles.

RED CARPET

So pose ich vor der Kamera

- Haben Sie Spaß dabei und flirten Sie mit der Kamera, das wirkt.
- Meine Großmutter hat mir diesen Tipp gegeben: Wenn Du vor einem Auftritt Angst hast, dann stell Dir Dein Gegenüber in Unterhosen vor. Das nimmt den Ernst der Situation.
- „Willkommen" – dieses Wort stumm ausgesprochen wirkt Wunder. Es lässt Sie die Situation annehmen und das Ergebnis lässt sich sehen: Ihr Gesicht – und damit Ihr Auftritt – wirkt unverkrampft.
- Wenn es hart auf hart geht: Denken Sie an Ihre Liebsten. Bei der Pressekonferenz vor dem Opernball habe ich fest an meinen Mann und an meine Jungs gedacht. Positive Gedanken lösen Unsicherheiten im Nu.
- Stehen Sie niemals gerade, sondern immer seitlich zur Kamera und ziehen Sie die Schultern ein wenig zurück. Dadurch wirken Sie schmäler.
- Probieren Sie vor dem Spiegel einige Posen aus – Kameras lieben die Abwechslung – mal sexy, mal seriös.

- Vor einem großen Event studieren Sie die Posen der Prominenten in Gala oder Bunte. Vielleicht ist etwas für Sie dabei.
- Vergleichen Sie sich niemals mit den ganz großen Stars, denn es ist ihr Job vor der Kamera eine gute Figur zu machen.
- Eine Freundin von mir, sie ist Fotografin, hat mir diesen Tipp gegeben: Lache – egal wie Dir zumute ist. Fröhlichkeit wirkt einfach immer besser als schlechte Laune.

SO WERDE ICH EIN PROMI

- Liieren Sie sich mit einem Baumeister (Ö)
- Daten Sie einen Torjäger (D)
- Werden Sie TV-Moderator/in
- Gehen Sie zu jedem Event und stellen Sie sich nahe an echte Stars. Irgendwann wird man Sie dann fragen, wer Sie sind. (Bereiten Sie eine spannende Antwort vor!)
- Nehmen Sie an diversen Castingshows teil.

Stil-Test

Mit folgendem Test könnten Sie ganz schnell feststellen, wie stilsicher Sie sind. Vorher sollte Ihnen nur eines bewusst sein: Sind Sie im klassischen Sinn stilfest, sind Sie eine Persönlichkeit, die zu ihrer Extravaganz steht, oder sind Sie vielleicht ein Egomane, dem es ziemlich egal ist, was andere über ihn denken?

1. Sie kommen fünf Minuten vor Vorstellungsbeginn ins Theater. Ihr Sitz befindet sich natürlich genau in der Mitte, Sie müssen sich an mehreren Personen vorbei drängen. Wie gehen Sie vor?

A: Sie entschuldigen sich lautstark und erzählen, dass Sie keinen Parkplatz bekommen haben, halten sich an der Lehne der Vorreihe an und rücken – das Hinterteil zu den Sitzenden – bis zu Ihrem Platz vor.

B: Sie fordern alle sitzenden Personen auf, doch bitte aufzustehen, da Sie Ihre Strümpfe nicht zerreißen wollen, und gehen gemütlich zu Ihrem Sitz.

C: Sie wünschen einen schönen Abend, murmeln ein leises „Entschuldigen Sie" und trippeln mit dem Gesicht zu den Sitzenden zu Ihrem Platz.

D: Sie holen einen Platzanweiser, der das Problem für Sie erledigt.

2. Sie sind privat zum Abendessen eingeladen, in ein Haus, in dem Personal beschäftigt ist. Was tun Sie beim Verabschieden?

A: Sie klopfen der netten Kleinen, die die Drinks serviert hat, noch mal aufmunternd auf … die Schulter.

B: Sie nehmen die Blumen aus dem Vorzimmer mit, denn es wäre ja schade darum.

C: Sie hinterlassen ein Trinkgeld für das Personal.

D: Sie vergessen zum x-ten Mal Ihren Schirm.

3. Sie werden von Ihrem Partner zu einer Kunstausstellung zeitgenössischer Werke geführt.

A: Sie kaufen sich am Nachmittag davor den Ausstellungskatalog und informieren sich im Internet über alle ausgestellten Künstler und deren Lebensgeschichte, damit Sie gut informiert sind.

B: Sie freuen sich auf einen bunten Abend und trinken zur Begrüßung drei Gläser Prosecco.

C: Sie wundern sich insgeheim, warum drei Striche und eine weiße Leinwand „Kunst" sind und fragen den Künstler nach seiner Lebensphilosophie.

D: Sie weisen den Galeristen darauf hin, dass Ihre Tochter durchaus befähigt wäre, die Kunstwerke für die nächste Ausstellung zu liefern.

4. Sie treffen Freunde zum Lunch. Auf dem Weg zum Tisch bemerken Sie Bekannte, die im gleichen Restaurant essen. Was tun Sie?

A: Sie rufen über drei Tische hinweg: „Mahlzeit!"

B: Sie steuern zuerst den Tisch Ihrer Bekannten an, setzten sich dazu und erzählen von Ihrer letzten Urlaubsreise.

C: Sie gehen zum Tisch Ihrer Freunde, setzen sich und schicken einem Ihrer Bekannten ein langes SMS, wann sie einander treffen könnten.

D: Sie winken Ihren Bekannten kurz zu, begrüßen Ihre Freunde, setzen sich und lesen die Speisekarte.

5. Auf einer Party gesellen Sie sich zu einer Gruppe von Leuten, von denen Sie einige noch nicht kennen. Was tun Sie?

A: Sie begrüßen Ihre Bekannten und warten darauf, dass Sie den Unbekannten vorgestellt werden.

B: Sie begrüßen Ihre Bekannten und stellen sich selbst den anderen vor.

C: Unabhängig davon, wen Sie kennen, begrüßen Sie zuerst die Frauen, dann die Männer.

D: Sie begrüßen alle pauschal mit „Hallo Leute“ und erzählen von den Problemen mit Ihrem Hund.

6. Cocktail-Party, der x-te Langeweiler hat das Wort und gibt es auch nicht mehr her. Wie entkommen Sie?

A: Sie sagen: „Entschuldigen Sie, wissen Sie, wo hier das WC ist?“

B: Sie täuschen einen Hustenanfall vor.

C: Sie beantworten einen imaginären Handy-Anruf mit der Entschuldigung „Ach, die Kinder“.

D: Sie unterbrechen seinen Monolog und referieren über Ihre Kinder.

7. Wie verhalten sich Mann und Frau beim Betreten eines Restaurants?

A: Er hält der Frau die Tür auf und betritt nach ihr das Restaurant.

B: Er geht vor und nimmt ihr dadurch die Tischwahl ab.

C: Er lässt sie die Tür selbst öffnen und sie auch zuerst durchgehen – schließlich ist man ja emanzipiert.

D: Sie kommt fünf Minuten früher und sucht sich den Tisch mit dem besten Licht aus.

8. Ihnen fällt die Gabel während des Essens auf den Boden. Was tun Sie?

A: Sie stoßen einen Fluch aus, heben die Gabel vom Boden auf, putzen sie an der Serviette ab und essen damit weiter.

B: Sie lassen die Gabel liegen, rufen den Kellner und verlangen ein neues Besteck.

C: Sie heben die Gabel auf, legen Sie auf den Tisch und holen sich vom Nebentisch eine neue.

D: Sie kriegen einen Heulkrampf und schluchzen ihren Partner mit den Worten an: „Heute ist wirklich nicht mein Tag!"

9. Sie sind sich nicht sicher, wie man ein Rotweinglas anfasst? Wählen Sie aus folgenden Varianten:

A: Das Glas wird am Stiel, aber nicht mit der ganzen Hand angefasst.

B: Mit der ganzen Hand umfasst man das Glas am Stiel.

C: Man kriegt die Krise, weil das Rotweinglas keinen Stiel hat.

D: Mit der ganzen Hand umschließt man das Glas.

10. Wie oft haben Sie im letzten Monat Ihr Handy in der Warteschlange an der Kassa eines Supermarktes benützt?

A: Mindestens drei Mal.

B: Vielleicht ein- oder zwei Mal.

C: Nie.

D: Ich telefoniere nie im Supermarkt, ich esse nur in Restaurants.

11. Wie ist Ihre Tonlage?

A: Ich quietsche beim Sprechen – nicht nur vor Vergnügen.

B: Ich passe meinen Ton der Situation an.

C: Ich sage laut und deutlich meine Meinung – und zwar so, dass mich jeder hören kann.

D: So wie es meiner Stimmung entspricht.

12. Ein Bettler kommt auf Sie zu. Was würden Sie tun?

A: Ich gebe ihm ein paar Münzen, damit ich ihn so schnell wie möglich loswerde.

B: Ich gebe ihm ein paar Münzen, damit er sich etwas zu essen kaufen kann.

C: Ich gebe ihm kein Geld. Er soll arbeiten, so wie alle anderen auch.

D: Ich gebe ihm kein Geld, er kauft ohnehin nur Alkohol oder Drogen und nähert sich damit endgültig dem Abgrund.

13. Sie haben einen Hund und sind zum Abendessen eingeladen. Was tun sie?

A: Ich nehme ihn selbstverständlich mit.

B: Ich nehme ihn mit und lasse ihn im Auto.

C: Ich buche einen Hundesitter und lasse ihn zu Hause.

D: Ich rufe die Gastgeber an und frage, ob ich den Hund mitbringen darf.

14. Sie sind zu einem Diner Dansant geladen und auf der Einladung steht als Dresscode „Black Tie“. Was ziehen Sie an?

A: Sie haben keine schwarze Krawatte und sagen ab.

B: Er einen Smoking und sie ein langes Abendkleid.

C: Er einen dunklen Anzug mit schwarzer Krawatte, sie ein kurzes Kleid.

D: Er einen Smoking, sie ein elegantes Cocktailkleid.

PUNKTEVERGABE

Frage 1: A 1, B 2, C 6, D 4
Frage 2: A 2, B 1, C 6, D 4
Frage 3: A 6, B 2 C 4, D 1
Frage 4: A 1, B 2, C 4, D 6
Frage 5: A 4, B 6, C 2, D 1
Frage 6: A 1, B 4, C 6, D 2
Frage 7: A 6, B 4, C 1, D 2
Frage 8: A 1, B 6, C 4, D 2
Frage 9: A 6, B 1, C 4, D 2
Frage 10: A 1, B 4, C 6, D 2
Frage 11: A 1, B 6, C 4, D 2
Frage 12: A 1, B 6, C 4, D 2
Frage 13: A 1, B 4, C 2, D 6
Frage 14: A 2, B 6, C 1, D 4

TESTERGEBNIS

60–84 Punkte
Sie sind ein Benimm-Guru und in allen Stil-Fragen sattelfest. Verkrampfen Sie sich nicht zu sehr, kleine Fauxpas machen Sie erst liebenswert!

46–63 Punkte
Mit gutem Benehmen stehen Sie auf freundschaftlichem Fuß. Doch es gibt ein paar Bereiche (SIE wissen welche!), da können Sie Ihre Stilsicherheit noch weiter perfektionieren!

25–45 Punkte
Ihnen ist es ziemlich egal, was andere über Sie denken. So wie Sie auftreten, ist es Ihrer Meinung nach genau richtig. Gratuliere zum Selbstvertrauen an der Grenze zur Egomanie. Man wird Sie lieben oder hassen. Aber auch das ist Ihnen egal.

14–24 Punkte
Entweder Sie sind zu zerstreut, um die Normen des gesellschaftlichen Umgangs mit anderen akzeptieren zu können. Oder Sie haben schlicht und ergreifend einfach keine Kinderstube. Sie sollten sich schleunigst einen Promistatus zulegen, der Ihnen erlaubt, sich über alle Regeln hinwegzusetzen und die eigenen aufzustellen.

Meine Lebens-*regeln*

- Jammern verboten! Mein Motto: Nicht aufgeben und never complain!
- Mich nicht zu wichtig nehmen.
- Spaß haben im Leben.
- Spontan sein.
- Gerade stehen (auch für seine Anliegen).
- Meine Kräfte dort einsetzten, wo sie gebraucht werden – sie nicht vergeuden.
- Lieben.
- Großzügig sein.
- Dankbar und demütig sein – für das, was man hat.
- Verzeihen können.
- Gepflegt auftreten.
- Keine intimen Geschichten verbreiten.
- Meinem Vis-à-vis in die Augen sehen.
- Lächeln.

Danke

Andreas – meinem geliebten Mann – für seine herrlichen Lebenstipps und seine ansteckende Leidenschaft für Oper und Klavier. (Ohne ihn hätte ich das Kapitel „Klassische Musik“ nie so fundiert geschrieben.)

Meinen drei supercoolen Buben: Alfi, Jakob und Pauli, sie inspirieren mich täglich. Und sind auch meine schärfsten Kritiker.

Monika Schrack – unsere langen Telefonate gaben mir Aufschluss darüber, wieviel Privates ich preisgeben darf. Ihre Ideen für den Stiltest waren Inspiration und haben enormen Spaß gemacht.

Vera, meiner „älteren“ Schwester, die mir oft mit Geschichten über unser Elternhaus einen herrlichen Blick in die Vergangenheit und gleichzeitig auch in die Zukunft schenkt.

Nana, Irmi und Uschi, die mir immer wieder Mut machten und machen.

Agnes Husslein für den richtigen Blick auf die Kunst.

Mein besonderer Dank gilt Gabi Weiss. Ihre Anfeuerungen per Email haben mir den nötigen Biss gegeben.

Kera Till, ohne ihre Illustrationen hätte das Buch nicht diese Intensität.

Udo Titz für das Coverfoto.

Sergej Benedetter, der mich, wenn es darauf ankommt, immer wieder in Szene setzt. Danke für die vielen schönen Bilder!